JN005696

── 独立・起業成功のポイントがすべてわかる！──

起業に失敗しないための知識とノウハウ

松井 淳・モノコト総合研究所 ［著］

同友館

はじめに

　今、世の中は静かな起業ブームです。

　都心や郊外の繁華街に、カフェスペースのあるおしゃれなコワーキングスペースが次々にオープンしています。女性のために託児所を備えたインキュベーションオフィスや、ものづくり起業のために 3D プリンターなどのデジタル工作機器を備えたデジタル工房など、利用者の細かなニーズに対応した創業施設も増えています。

　「ノマド」と呼ばれるワークスタイルも定着し、パソコンひとつで、いつでも、どこでも仕事をする人が増えています。

　大手企業がこぞって副業を解禁したことから、働きながらの起業という新しいスタイルもすっかり市民権を得ました。今後、副業としての起業もどんどん増えていくでしょう。女性・若者・シニアを中心に、社会貢献を理念とするソーシャルビジネスにかかわる人も数多くいます。

　テクノロジーの発達は、学生や女性の起業も容易にしています。SNS の浸透が、時間に制限のある主婦や学生のネットワークづくりに大きく貢献しています。志やアイデアがあれば、クラウドファンディングで資金を集めることも容易になりました。クラウドソーシングを使えば、遠く離れたプロや専門家に仕事を依頼することもできます。ともに忙しいチームメンバーや顧客との間の打ち合わせには、Skype や Zoom をはじめとした Web 会議アプリケーションや、Slack などのビジネスチャットツールも普通に使われるようになっています。私自身、これらのテクノロジーがなければ、自分自身の起業など思いもよらなかったと思っています。

　また、2020 年 2 月に始まった新型コロナウイルス感染症の拡大は、世界中の人々の考え方、暮らし方、働き方を大きく変えました。一部の産業が先の見えない苦境に陥る一方で、Zoom や Uber Eats のように一気に飛躍した

企業も現れています。個人においても、リモートワークやテレワークが日常になるとともに、リスクに備えた収入源やスキルの多様化が重要となり、副業・兼業も改めてその役割が見直されそうです。

　一方で、日本の企業の99％と、日本の雇用のおよそ2/3を占めるスモールビジネスが危機に瀕しています。中小企業の経営者の6割が60歳以上の高齢者になっており、今後10年間でかなりの数の中小企業が消失すると予想されており、そのあとを引き継ぐ新たな企業が生まれることが望まれています。
　新しいビジネスや産業の「ゆりかご」としても重要であるスモールビジネスの減少は、雇用の減少だけでなく日本経済の競争力の低下を招きかねず、国や公共団体はこぞって起業（創業）を後押ししています。窓口相談、融資、補助金・助成金などで起業を支援し、起業環境を整えています。

　大会社では、新しいアイデアも収益性のモノサシで測られてしまい、億単位の利益が直近で得られなければボツになってしまいます。革新的なアイデアは、既存事業とのカニバライゼーション（共食い）を引き起こすこともよくあり、そのような新事業のアイデアは、大企業の中では骨抜きにされてしまうこともしばしばです。自らのアイデアや夢を実現するために、多くの人が大企業を飛び出して起業しています。

　本書は、そのような起業（創業）に興味がある、学生、サラリーマン、ワーキングウーマン、主婦、シニア、それらすべての人々に向けて書きました。起業の入門書として、できるだけ広く、かつ、必要となるトピックを、できるだけ実用的な視点から解説しています。起業にあたっては、法的・手続き的な視点、儲かる儲からないという事業性の視点、顧客をどう獲得したり商流・物流をどのように組み立てるかというマーケティングの視点、事業アイデアをどのように製品やサービスといった売りモノにしていくかという商品

開発の視点、などいろいろな視点が必要です。

　起業家（創業者）は、それら全部についてのエキスパートである必要はありませんが、概要については広く知っていないと、思わぬ遠回りを強いられ、貴重な時間やお金を浪費することになります。私個人として、日々の起業家支援でそのようなノウハウや知識をお伝えしようとしていたところ、適当な書籍がないことに気づき、自ら執筆することにしたものです。そこで、自らの起業や、会社員としての新事業立上げの経験と、15 年弱のスモールビジネス支援の経験とノウハウをできるだけわかりやすく盛り込みました。また、私と一緒に起業の支援に携わるエキスパートの仲間にも協力を仰いで、共に執筆いたしました。

　この本が、皆さんの起業のきっかけの一助となれば幸いです。

　　　　　2020 年 6 月　著者を代表して
　　　　　　まついマネジメントオフィス　代表　松井　淳

目　　次

第1章　起業にチャレンジするということ

第2章　起業の第一歩　いまから始める起業準備

第３章　起業にあたって知っておくべき基本知識

第４章　業種別の起業のポイント

第5章　経営者になる準備

第６章　事業計画書をつくってみよう！

第 1 章

起業にチャレンジするということ

ノウハウ1　起業にチャレンジするということ

Question 1

起業の魅力は何ですか？　起業した人は、何に魅力を感じて起業したのでしょうか？

Answer 1

「自分の裁量で仕事ができる」、「自己実現のため」。女性・シニアは「年齢・性別に関係なく働くことができる」。

「起業」「創業」というと、皆さんは誰を思い浮かべるでしょうか？　古くはソニーの盛田昭夫、ホンダの本田宗一郎、あるいは最近話題の渋沢栄一もそうでしょう。もしくはITベンチャーであるアップルのスティーブ・ジョブズやソフトバンクの孫正義かもしれません。

あるいは、皆さんの身近にいる創業者を思い浮かべた方もいるかもしれません。最近、近所に開店した飲食店、独立して店を持つことになった美容師の友人、脱サラして会社を作った先輩、勉強をして資格を取って開業した行政書士……。またあるいは、ご両親が自営業で裸一貫から店を開いた方かもしれませんね。現在、日本には大小含めて約421万者の会社（個人事業を含む）があるといわれています。日本人の20人に1人は「社長さん」であるというわけです。「起業する」「創業する」ということは、皆さんもこの20人に1人の仲間入りをするわけです。そう考えてみると、ちょっと心が躍りませんか？

■ 起業を志した理由

「自分の裁量で仕事ができる」、「自己実現のため」。女性・シニアでは、「年齢・性別に関係なく働くことができるから」となっています。

全般的に、「自分の裁量で仕事がしたいから」、「年齢に関係なく働くこと

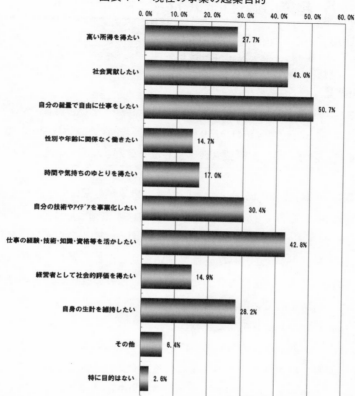

図表 1-1　現在の事業の起業目的

出所：中小企業庁委託「平成 28 年度　中小企業・小規模事業者の起業環境及び起業家に
　　　関する調査　報告書」平成 29 年 3 月　三菱 UFJ リサーチ＆コンサルティング
　　　https://www.meti.go.jp/meti_lib/report/H28FY/000225.pdf

ができるから」、「仕事を通じて自己実現を図るため」と回答する割合が高く
なっています。一方で、「就職先がないため」、「職場の賃金が不満だったた
め」と回答する割合は低くなっており、現状への不満を理由とする消極的な
起業に比べて、裁量労働や自己実現といった積極的な理由により起業を志す
割合が高いことがわかります。

起業の適性について

Question 2

起業について向き・不向きはありますか？

Answer 2

スキル・経験によって有利・不利はありますが、多様な年齢・性別・ラ
イフスタイルの人が、起業にチャレンジしています。成功パターンは十人
十色です。自分に合った起業スタイルをとるのがよいでしょう。

　「起業」「創業」に興味があったとしても、自分が起業に向いているのかど
うか不安に感じる方も多いでしょう。一般的に起業家というと、「情熱的」
「ビジョンがある」「アイデアマン」「負けず嫌い」というイメージがあるの
ではないでしょうか。これらは外れてはいませんが、必ずしも起業家が最初
からこのようなスキルを持ち合わせていたとは限りません。はじめは講演で
たどたどしい話をしていた創業者が、事業が成長するとともに、見違えるよ
うにすばらしいプレゼンをするようになった例も、たくさん見てきました。
起業家としての経験や成功体験の中で、身につくものも多くあります。

　また、自身に経営者としてのスキルが不足している部分があっても、それ
を補うパートナーと一緒に起業することで、自分の苦手分野を克服すること
もできます。

　ただし1つ、気をつけなければいけないのは、起業には経済的なリスクが
あるということです。自らや家族のライフステージを考えて、必要に応じて
創業資金を貯めるなどの事前準備は怠らないようにしましょう。

■ 起業した年齢と業種

　起業した年齢は、男性では30歳代から50歳代まで広がっていますが、女
性の場合は若い世代での創業が相対的に多くなっています。男性は、いった
ん会社勤めをしてからの独立が多いのと比較して、女性の場合は、出産・育

図表 2-1　創業した年齢（男女別）

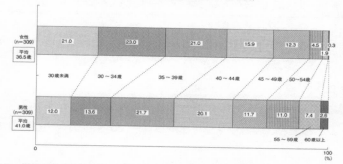

資料：経済産業省委託「女性起業家に関するアンケート調査」（2011 年 3 月、三菱 UFJ
　　　リサーチ＆コンサルティング(株)）
出所：(株)日本政策金融公庫総合研究所「2010 年度開業実態調査」

図表 2-2　創業した業種（男女別）

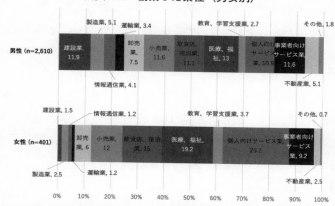

出所：日本政策金融公庫総合研究所「女性起業家の開業～「2013 年度新規開業実態
　　　調査（特別調査）」の結果から～」「業種（開業者の性別）」より筆者作成
　　　https://www.jfc.go.jp/n/findings/pdf/topics_131224_1.pdf

児を挟んでの創業が多いようです。

　起業した業種では、女性が消費者向けのビジネスが多いのに比べて、男性
は製造業、建設業、金融サービス業など、企業向けのビジネスでの起業も目
立ちます。独立前のキャリアと結びついていることが多いためです。

ノウハウ3　起業しやすい業界・起業しにくい業界

Question 3

> 起業に向いた業種・業界はありますか？

Answer 3

> 起業に適した業種、というのは特にはありませんが、ハイリスク・ハイリターンの起業と、ローリスク・ローリターンの起業の違いがあります。

　起業しやすい業種というのはあり、①成功パターンが確立している定番ビジネス、②設備等の初期投資が不要な業種、③資格や許認可等が不要な業種が、起業しやすいといえるでしょう。①としては飲食店やお店、②や③としてはインターネットビジネスなどがあります。

　起業に準備が必要になる業種としては、資格や許認可が必要となる業種が挙げられます。飲食店などを開業する場合には、保健所の許可（飲食店営業許可等）や消防署への届出（防火対象物使用開始届）等が必要になります。また、病院を開業する場合には、当然医師の資格が必要になります。資格が必要な業種は医師だけではなく、弁護士、税理士、司法書士等、いわゆる「士業」と呼ばれる業種や、他に宅地建物取引士や危険物取扱者のように、企業内の特定の業務に必要な資格もあります。また、大規模な設備投資が必要となる製造業や運輸業、遊戯施設のような業種も、資金面の難しさで起業しにくい業種といえます。

　一方で、誰にでも起業しやすい業種が起業に向いているかというと、必ずしもそうとはいえません。起業しやすいということは、参入障壁が低く、常に参入業者が入ってきて競争も激しいためです。許認可が必要だったり先行投資が必要ということは、苦労しながらもいったんそれらを手に入れれば、その後は有利に事業を進められます。

　ビジネスの原理はハイリスク・ハイリターンであり、短期間で大きな成功を収めたいのであればリスクをとる必要があり、逆にリスクをとりたくないのであればしっかり準備をし、じっくりとチャンスをうかがって起業することが必要です。自らのスタイルに合った起業アプローチをとることが、起業成功の近道でしょう。

　もしあなたが起業テーマについて具体的な夢がすでにあるのであれば、迷う必要はなく、その実現に向けてじっくり計画を練りましょう。起業にリスクと苦労は付きものです。やりたいことを楽しくやっているということが、苦しいことを乗り越える、何よりの原動力になるでしょう。

　あとは、事業展開を早めるために、他人の力を借りるという選択肢があります。事業パートナーから出資を受けたり、金融機関から融資を受けることで、自己資金を貯めるのに時間をかける必要がなくなります。許認可の取得も、専門家に依頼したりプロを雇ったりすることで、お金はかかりますが、短時間でクリアすることができます。お金で時間を買うかどうかというのも、考慮すべき点です。

　また、起業に適した業種ということでは、やはりあなたがこれまでに経験のある業種・業界や分野が向いていることは間違いありません。新しい業種・業界での起業にチャレンジする場合でも、これまでの自分の経験分野に近いところからアプローチするのがよいでしょう。新しく事業を始めたときは、ビジネスパートナーや顧客からまずは実績や経験を聞かれますので、その分野での何らかの経験があるのとないのとでは信用が大きく違ってきます。

　もし全く経験のない分野に飛び込むのであれば、起業する前に、一度その業界でアルバイトや有期社員として働いてみるのも有効な方法です。そこで培う経験や人脈がすぐに起業で役立つものと思います。

図表 3-1　業種別開廃業率の分布状況（2017 年度）

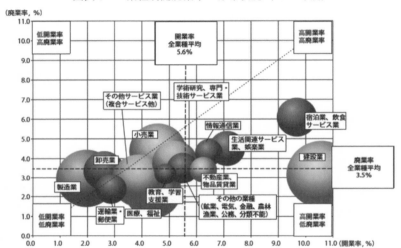

資料：厚生労働省「雇用保険事業年報」
（注）1．雇用保険事業年報による開業率は、当該年度に雇用関係が新規に成立した事業所数/
　　　　前年度末の適用事業所数である。
　　　2．雇用保険事業年報による廃業率は、当該年度に雇用関係が消滅した事業所数/前年度
　　　　末の適用事業所数である。
　　　3．適用事業所とは、雇用保険に係る労働保険の保険関係が成立している事業所である
　　　　（雇用保険法第 5 条）
出所：中小企業庁『2019 年版中小企業白書』、厚生労働省「雇用保険事業年報」
　　　https://www.chusho.meti.go.jp/pamflet/hakusyo/2019/2019/index.html

　業種別開廃業率からは、起業についての業界別のリスクがある程度読み取
れます。上図の円の分布は、やや右肩上がりになっていますが、開業率の高
い業種は、それだけ参入しやすい業種である反面、それだけ競争も激しいた
め、廃業率も高くなっており、開業率の低い業種は、参入しにくい業種であ
るため、いったん参入してしまうと廃業するリスクも低い傾向にあるといえ
ます。

　開業率について見ると、近年の都心部での建設ラッシュを反映して好景気
である建設業が最も高くなっています。次いで、定番ビジネスである宿泊業、

飲食サービス業が高くなっています。飲食業は開業率も高い代わりに廃業も多く、競争が激しい分野です。

　逆に、製造業の開業率が最も低くなっています。製造業は、製造設備が必要なだけではなく一定の技術やノウハウの蓄積が必要なためです。しかし、いったん起業に成功すると、比較的安定した事業展開ができるため廃業率も低くなっています。

　小売業は、開業率が低く廃業率が高くなっており、現時点での起業分野としては難易度が高い業界といえます。小売業は大手によるチェーン店化が進んでおり、小規模な個店で勝負するのは難しくなっています。個店で勝負するなら趣味性の高いセレクトショップや、カフェなどを併設したサービス業との複合的な店舗を目指すのがよいでしょう。

　また、業種で見ると、従来型の産業は低成長であり、寡占化が進み厳しい状況にある分野ですが、競争に生き残った企業は老舗企業として安定して高い収益を得ている場合もあります。

Question 4

起業の成功率はどれくらいですか？

Answer 4

　統計によると、起業した後、5年後の生存率は約80%、10年後は約70%、20年後は約50%といわれています。一般的な事業のライフサイクルと同等と考えられます。

　起業する際に皆さんが心配するのは、「成功するだろうか？」ということだと思います。

　『2017年版 中小企業白書』では、外国との比較で、日本の起業後の5年生存率が約80%となっています。また、少し前のデータになりますが、『2011年版 中小企業白書』でも、企業の生存率は、5年後には約80%、10年後には約70%、20年後には約50%という統計データが掲載されています。ここから類推すると、今でも同様の結果となっていると思われます。

　20年で50%という数値を皆さんはどのように感じたでしょうか。「20年で半分もなくなるのか」と思われた方もいるかもしれません。しかし、1つのビジネスモデルが成功を収めて継続できるのはおおむね10年です。10年経つと、技術や顧客の感性などの市場環境は大きく変わります。大企業であっても10年程度のうちに事業撤退しているケースは多く見かけます。そこから考えると「20年で50%」は、悪くない数字といえるでしょう。

　また、今の時代、大企業のサラリーマンといえども、安心できる時代ではありません。いつ会社が潰れるか、あるいは他の企業に買収され、不遇な立場となるかは、わからない時代です。常に起業・独立といった選択肢を視野に入れて、自らの職業人生を設計することは有意義でしょう。

■ 起業後の生存率

『中小企業白書』によると、2011 年版、2017 年版ともに起業 5 年後の生存率は約 80% となっています。

図表 4-1　起業後の生存率

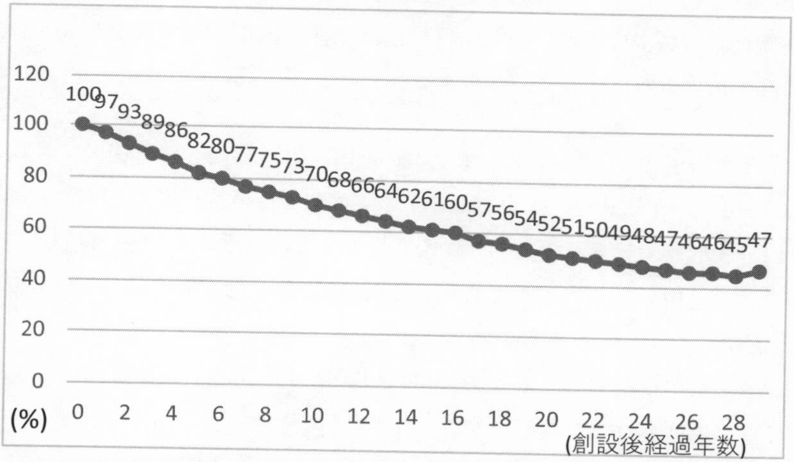

出所：中小企業庁『2011 年版　中小企業白書』、（株）帝国データバンク「COSMOS2（企業概要ファイル）」再編加工：著者再加工
https://www.chusho.meti.go.jp/pamflet/hakusyo/h23/h23_1/Hakusyo_part3_chap1_web.pdf

Question 5

> 起業した人の収入はどれくらいですか？

Answer 5

> 業種等にもよりますが、平均収入は起業前とあまり変わりません。もちろん、成功すれば大きく儲かります。

　給与所得者の平均給与は全体で 420 万円、男性は約 520 万円・女性は約 280 万円という統計データがあります。年代別だと男女平均で 20 代で約 300 万円（手取りで約 250 万円）、30 代で約 410 万円（手取りで約 350 万円）、40 代で約 470 万円（手取りで約 400 万円）、50 代で約 500 万円（手取りで約 420 万円）となっています。

　一方、起業後の手取り額（月収）は、『2014 年版中小企業白書』によると、次ページの図表 5-1 のとおりです。

　起業前の準備やスキル、ノウハウの有無によって、収入が上がる人も下がる人もいると思いますが、平均的には起業前と大きくは変わりません。

　とはいえ、起業した場合には、大株主からの出資を受けられた場合などの一部の例外を除いて、会社が軌道に乗るまでは、売上も少なく資金繰り的にも厳しくなるため、収入は下がる人が多いでしょう。事業が軌道に乗るまでの生活を支える十分な資金を準備してから、起業に臨みましょう。

　一方で、収入に対する満足度は、勤務者と起業家では差があるようです。2018 年度の日本政策金融公庫総合研究所の統計データによると、「収入に関する満足度調査」で、「かなり満足」と「やや満足」を選んだ割合は、勤務者で 24.5％、起業家で 36.7％と 10 ポイント以上の差がありました。

　収入も大変重要な要素ですが、生活、人生、やりがい等の満足感は起業家のほうが高いように思われます。何よりも起業すれば、「自分の給料は自分

で決める」ことができます。自分の給料を抑えて会社に再投資をして事業を大きくするのも、自らの報酬をしっかり得てリスクのリターンを得るのも、あなた次第です。

■ 起業後の手取り収入

起業後の手取りの年収は、女性、若者、シニアでは、シニアが最も高く、女性が最も低くなっています。これは、女性は、いわゆる主婦層がご主人の収入で生活費をまかないながら、自分の趣味と実益を兼ねて起業している人が多数いること、シニアは、退職後に、現役時に培ったスキルを活用して起業するケースが多いこと、等が考えられます。

月額では図表5-1のように、女性、若者、シニアともに、20万円超〜40万円以下の層が最も多く、給与所得者の平均と大きく差がないという統計データとなっています。

また、手取り年収で1,000万円を超える割合も約10%いるので、収入面でのステップアップのチャンスもあるといえます。

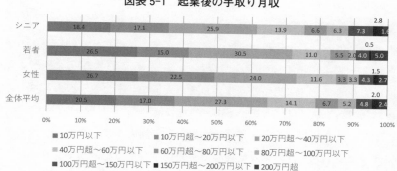

図表5-1　起業後の手取り月収

出所：中小企業庁『2014年版 中小企業白書』、中小企業庁委託「日本の起業環境及び潜在的起業家に関する調査」（2013年12月、三菱UFJリサーチ＆コンサルティング(株)）
https://www.chusho.meti.go.jp/pamflet/hakusyo/H26/PDF/07Hakusyo_part3_chap2_web.pdf

ノウハウ**6**　起業に適したタイミング

Question 6

起業に向いたタイミングはありますか？

Answer 6

　「起業したい」と思ったときが起業のタイミングではありますが、人との出会いなど人間関係の巡り合わせは大切です。同僚から誘われたとき、取引先のサポートを得られそうなとき、いいアイデアを思いついたとき等がベストなタイミングといえます。

　皆さんは「幸運の女神には前髪しかない」ということわざを聞いたことはありませんか。これは、チャンスは訪れた時につかまなければ、すぐに去ってしまう、という意味です。

　起業する前、おそらく今の皆さんの多くは、会社等で勤めていることと思います。あるいは、将来は起業を夢見る学生さんかもしれません。あるとき、同僚や友人が「一緒に起業しないか」と持ちかけてきたら、あるいは、ふと「こんな商品があれば、きっと世の中の役に立つのに」とアイデアが湧いてきたら、それは起業のチャンスの１つかもしれません。

　人との出会いや巡り合わせにはタイミングがあり、あとで自分がその気になったとしても、相手側の状況が変わってしまっていることも多々あります。その意味で、人間関係の巡り合わせを大事にしましょう。もちろん、拙速は禁物であることはいうまでもありません。

　起業のタイミングを考える場合は、自らや家族のライフステージは考慮したほうがよいでしょう。独身で仕事でも脂が乗り切った時期であれば、チャンスを生かして起業するのもよいでしょう。もし、結婚していて子供の教育費の負担や住宅ローンがあるようであれば、慎重に低リスクの起業を狙う必要があります。

　訪れたチャンスを生かせるようにするには、常日頃から起業を意識して準

14 14

備しておくべきです。起業における基本的な知識、開業に関する知識、マーケティング関係の知識、資金調達の方法、資金繰り、などの知識を得ておくことは有効です。会社員として働きながら、必要に応じて異動を申し出て、将来の起業に役立つスキルや人脈をつくっておくこともよいでしょう。

　また、創業資金を貯蓄したり、起業予定分野の交流会などに積極的に参加し人脈を広げておくことも、あとで役に立ちます。創業時期が決まっていなくても、今できることはたくさんあります。

■ 起業家の年齢別構成比の推移

　男性は 60 歳以上の起業が 35.0％と最も多く、次いで 39 歳以下が 30.7％と続いています。一方、女性は 39 歳以下での起業が 43.4％と群を抜いて高く、次いで 40 ～ 49 歳が 21.2％と続いています。

　男性の 60 歳以上の起業が多い要因は、定年退職後のセカンドキャリアとして起業する割合が多いからと見られています。それを差し引くと、男女ともに 39 歳以下での起業が多くなっていることから、起業に向けたタイミングは、比較的若い時にやってくるといえなくもありません。

図表 6-1　男女別起業家の年齢構成比

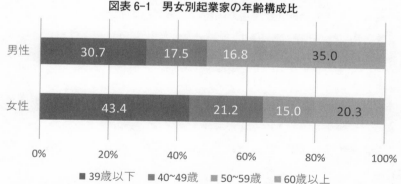

出所：中小企業庁『2017 年版 中小企業白書』、総務省「就業構造基本調査」再編加工：著者再加工
https://www.chusho.meti.go.jp/pamflet/hakusyo/H29/PDF/chusho/04Hakusyo_part2_chap1_web.pdf

Question 7

最近の起業のトレンドやキーワードについて教えてください。

Answer 7

　最近注目を集めている起業に関する手法には、「クラウドソーシング」、「クラウドファンディング」、「デジタルものづくり」、「リーンスタートアップ」等があります。

　近年では、IT 技術の発展に伴い、起業の手法が多様化しています。特にインターネットを活用することで、広くビジネスパートナーや見込み客へのアクセスができるようになったことが、起業の可能性を大きく広げています。ここでは、近年の起業に関するキーワードを解説します。特定のケースでは非常に有効な手法もありますので、うまく活用しましょう。

(1) クラウドファンディング

　クラウドファンディングとは、インターネットを介して不特定多数の人からの出資や寄付を募る資金調達方法のことをいいます。

　実施方法には2つあり、「All or Nothing 方式」（達成後支援型）と呼ばれる、資金が目標金額に達しなかった場合には全額が出資者に返金され、プロジェクト実施者は資金を受け取れない方式と、「All in 方式」（即時支援型）と呼ばれる、目標金額への達成・未達にかかわらず、プロジェクト実施者は集まった資金を受領できる方式があります。

　また、タイプとしては購入型、寄付型、投資型（融資型、金融型等とも呼ばれる）の3つに分けられます。

① 購入型

　企業のプロジェクト等に対し、出資者は資金を提供する代わりに、そのプロジェクト等に係るモノやサービスを対価として受け取ることができるとい

う仕組みで、出資というより、モノ等の予約購入に近いイメージです。

②　寄付型

　一般的な寄付と同様の仕組みです。企業などのプロジェクトに対して共感を持った人が、そのプロジェクト等に対し、寄付を行うもので、一般的に対価はありません（お礼の手紙などは送付される場合がある）。ソーシャルビジネスや環境系のプロジェクト、被災地支援等に用いられます。

③　投資型

　さらに株式型やファンド型等に細分化されますが、株式の発行やファンド等の仕組みを活用した資金の調達方法です。出資者からするとまさに投資であるため、購入型や寄付型と違い、出資者は金銭的な対価を得られます。

　以下に、主なクラウドファンディングサービスを紹介します。

・キャンプファイヤー　（https://camp-fire.jp）

　26,000件以上のプロジェクトを立ち上げた日本最大級のクラウドファンディング・プラットフォームで、国内購入型クラウドファンディングを展開しています。

・Readyfor　（https://readyfor.jp）

　「キュレーター」と呼ばれる専門スタッフが伴走しながらサポートすることを謳っている、購入型、寄付型のクラウドファンディングです。特にソーシャルビジネス分野に強いサービスです。

・Kickstarter（キックスターター）　（https://kickstarter.com）

　米国のクラウドファンディングの老舗サービスで、世界No.1の実績があります。2019年から日本語に正式対応し、日本からのプロジェクト起案が可能になりました。米国のクラウドファンディング市場は日本の10倍以上もあり、ユーザー層も全世界に広がっています。国や言語を問わないガジェットや雑貨類、外国人にも興味を持ってもらえるプロダクトがある場合は、Kickstarterのほうが成功しやすい場合があります。

(2) クラウドソーシング

　クラウドソーシングとは、英語で「群衆」の意味の「クラウド」と外部に業務委託などをする意味の「アウトソーシング」を合成した造語で、インターネットを介して不特定多数の人に対し業務を委託する形式のことをいいます。創業時には、発注者としても受注者としても利用できる可能性があります。

　プロや専門業者に仕事を頼みたいときは、1社ずつに見積りを取ると手間がかかりますし、どの業者がよいのかわからないことが多いと思います。そこで、自らが発注者として、クラウドソーシングで一度で複数の業者やプロに見積りや提案を求めることで、コストパフォーマンスの優れた業者に素早く仕事を頼むことができるのがメリットです。

　一方、自分がデザインや専門業務のプロやフリーランスであれば、クラウドソーシングで受注活動を行うことができます。遠方の顧客にもネットを使ったコミュニケーションや提案活動が容易にできるのが利点です。

　受注者には、発注者の支払う金額の一部を仲介手数料として引かれた額が支払われます。

　メリットとしては、広く日本中で優秀でコスパよく仕事をしてくれるパートナーを見つけることができる点があります。インターネットでのやり取りとなりますので、ネット上でやり取りがしやすい、デザイン、広告やメディア、翻訳、ソフトウェアなどの仕事が多くあります。

　一方、デメリットとしては、受発注が基本的にネット上のみで行われるため、お互いに相手の素性がわかりにくいことです。したがって、納品や支払いの段階でトラブルにならないよう、気をつける必要があります。また、意思疎通が不十分のまま発注してしまい、期待したものが届けられないといった、トラブルも発生することがあります。受注側として利用する場合は、競争入札形式の提案になるために値切られる可能性が高いことと、提案内容を転用されるなど自社のアイデアやノウハウが流出するリスクがあることです。

　効果的に使えば、効率よく業務を遂行できますので、活用する場合にはう

まく使いましょう。

　以下に主なクラウドソーシングサイトを記します。

・ランサーズ　（https://www.lancers.jp）

　2008年4月に設立（2012年にランサーズ株式会社に名称変更）された、フリーランス・タレント・プラットフォーム事業を営む企業で、同社のHPによると、ベンチャーから大手企業まで、35万社以上の利用実績があるとのことです。IT系の業務だけでなくコンサル業、デザイン、ライティング等も含まれています。

・クラウドワークス　（https://crowdworks.jp）

　上場企業が運営していることを売りにした会社で、HP作成やアプリ開発等、IT系業務を中心にしたサービスのほか、ロゴマークやチラシのデザイン等もあり、ユーザー数約304万人と日本最大級を謳っています。

・スキルクラウド　（https://www.skill-crowd.com）

　JP-Pride株式会社が運営するクラウドソーシングサイトで、画像作成、各種相談、士業から英会話、料理（を教える）等、幅広い業種に対応しています。また、「メールのみ」、「対面方式」、「教室方式」等、さまざまな方式での出品（委託）が可能です。

(3)　リーンスタートアップ

　リーンスタートアップとは、英語の「lean（筋肉質な）」と「start up（始める）」を組み合わせた言葉で、一言でいうと「無駄のない起業（プロセス）」となります。起業だけでなく新事業立上げ・新製品開発の手法としても使われます。主に、これまでにない新しいコンセプトの事業を始めたり、革新的な製品を開発する場合に有効です。詳しくは、「ノウハウ30　目新しいコンセプトのビジネスにおける起業戦略を知る」の項で解説します。

（4）デジタルものづくり

　デジタル工作機器と3次元データを用いたものづくりのことで、古くは CAD 等のコンピュータを用いた設計図作成技術があり、今では 3D プリンタ等が脚光を浴びています。これらの技術が、機器の低価格化やフリーソフトの流通によって、だれでも利用できるようになり、ものづくりでの起業が非常に容易になりました。詳細は「ノウハウ36　業種別のビジネスモデル（5）―製造業・ものづくり企業」で解説します。

【ケーススタディ】

●クラウドファンディングの効果的な活用

　大手メーカーにセンサー開発の技術者として勤務していたＡさんは、2011年の東日本大震災を機に、自分の持つノウハウで何か被災地に協力できないかと考え、簡易ガイガーカウンター（放射線量検知装置）を開発しました。それを広く被災地に届けるために、クラウドファンディング（米国 Kickstarter）を活用し、世界23ヵ国の170人から、総額150万円の資金調達に成功し、当時放射線測定器不足だった被災地に、多くの安価なガイガーカウンターを届けることができました。

　技術をオープンにして世界中の技術者がカスタマイズすることができるようにしたこともあり、クラウドファンディングを通して、海外の研究機関やエンジニアから、性能検証の支援などいろいろな協力も得ることができました。

　クラウドファンディングは、資金調達手段でありながら、強力なマーケティングツールにもなりえるものです。独自性のある事業アイデアを持っている人や、社会貢献性の高いビジネスを考えている起業家の方は、うまく活用するとよいでしょう。

ノウハウ8　職業人生・キャリアの選択肢としての起業

Question 8

　起業に向けたキャリアプランにはどのようなものがありますか？　将来起業したいと思っています。今、何をしておけばよいですか？

Answer 8

　現在の仕事を継続しながらできる起業準備があります。起業に必要なのは、起業する業種に見合った①自己資金、②人的ネットワーク、③知識・技能です。起業の好機が訪れたときにタイミングよく起業できるよう、準備を進めておきましょう。

　起業を思い立ったら、すぐに仕事を辞めて起業準備に取り組むやり方もありますが、可能な限り、情報収集をして計画を練ってから起業するほうがよいでしょう。起業にあたっては、時間が必要な事柄もありますし、会社を辞めなくてもできる準備が数多くあります。

①　自己資金の確保

　会社設立や必要な許認可の取得、起業場所の確保などで、数十万〜数百万の資金が必要になるでしょう。それらすべてを出資・融資などで調達することは困難ですので、まずは、自由に使える自己資金を確保しておくことは必須です。

②　人的ネットワーク

　事業立上げにあたって頼りになるのは、やはり人と人のつながりです。起業時には、見込み客を探すにも、融資先の紹介を受けるのも、自社でできない業務のアウトソース先を探すのにも、税務や特許の相談をするための専門家を探すのにも、信頼できる人からの紹介から始まることが多いのです。あらかじめ、起業したい業界の交流会やイベントなどに出席して、情報収集をしながら名刺交換やSNSでネットワークを広げておきましょう。きっと、その中から、皆さんが起業するときに力になってくれる人が数多く出てくる

はずです。

③　知識・技能

　必ずしも経営者が、これから始める事業について知識的・技術的に詳しい必要はありませんが、それらがあるに越したことはありません。また、現場経験はどんな事業を行う場合にも重要です。現場感覚のない人は、顧客やビジネスパートナーからの信頼を得ることに苦労しますし、起業プロセスで遠回りをすることも多いでしょう。

　また、資格や各種の認定がその事業に必要だったり、起業に有利になるようならば、ぜひ取っておきましょう。また、そういった資格や認定の取得を通していろいろな団体に所属しておくと、後で役立つことがあります。

　ある程度、起業のアイデアがまとまってきた時点で、創業塾や起業セミナーなどに参加してみましょう。ビジネスプランや事業計画の作成を通して、自らの能力や経験の棚卸しや、起業を進めるにあたっての課題、これまで気づいていなかったやるべきことが、具体的になってくるでしょう。

　なお、ノウハウや人脈については、どうしてもその業界に入らなければわからない、得られないものがあります。たとえば飲食店を開業したい場合に、よりよい食材を安く仕入れるルート等は、業界に入らなければ得にくいものの1つです。そのようなノウハウや人脈が起業に重要なものである場合は、独立準備のためにいったんその業界で働いてみることも必要です。

第 2 章

起業の第一歩　いまから始める起業準備

Question 9

漠然とした夢や事業アイデアを具体化するにはどうすればよいですか？

Answer 9

（1）自分がやりたいことであるか、（2）自分ができることか、（3）事業になりそうかどうか、の3つを基準に、持っている事業アイデアを整理していきましょう。

　漠然とした夢やアイデアを「事業アイデア」にするには、3つの切り口でアイデアを磨き上げることをお勧めします。3つの要素とは、「自分がやりたいことであるか」、「自分ができることであるか」、そして「事業になりそうかどうか」です。

（1）　自分がやりたいこと

　好きなことや、想いのあることです。起業を志す多くの方々が、このうち「自分がやりたいこと」に偏った起業アイデアになっていて、他の2つの視点での検討が不十分なことが多いようです。

（2）　自分ができること

　得意分野や経験のある分野を指しますが、自分の実力や適性を客観的に評価することは意外と難しいことです。自分が大して意味がないと思っていたことが実はユニークな強みだったり、逆に、自分が他より優れていると思っていたことが、実はありふれたレベルだったりします。親しい人はもちろん、初めて会う人（創業支援機関やビジネス交流会の参加者など）に意見を聞いてみて、他人から見た自分の強みについて知っておくとよいでしょう。

　なお、「自分ができること」を整理するためによくいわれるのが「自分の棚卸し」です。「自分の棚卸し」では、大きく、①自分のキャリアと②所有

する経営資源、に分けて確認します。

① **自分のキャリア**

・どのような会社（事業）で、何を経験してきたか。

・どのような資格やスキルを持っているか。

② **所有する経営資源**

事業に活用できそうなもの（資産）は何を持っているか。

・「ヒト」：独立してからも協力してくれそうな人であり、個人的または仕事上で知り得た知人等の人脈を指します。

・「モノ」は、設備や車、土地・建物等の資産を指します。

・「カネ」はもちろん自分の預貯金等の金融資産のことです。

・「ノウハウ」は、得意分野の知見、技能や情報等を指します。

(3) 事業になりそうかどうか（市場ニーズがありそうか）

当然ですが、皆さんが起業して提供する商品やサービスを求める人が十分にいなければ事業になりません（ニーズがある）。また、求める人がいたとしてもお金を払ってくれなければ、事業テーマとしては不適当でしょう。

実際には、「起業に十分な」ニーズがあるかどうかを知ることは簡単ではなく、時間と手間をかけて探っていくことになります。おそらく、皆さんが一消費者、一生活者として「こんなものがあるといいな」と思うものや、自

図表9-1　事業アイデアの整理

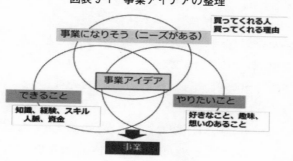

分のビジネス経験から「こういうものがあると商売になりそうだ」という直感からスタートし、見込み客へのヒアリングやテストマーケティングにより、事業テーマになり得るかを見極めていくことになります。

　これら3つの要素が重なる部分に、あなたの事業テーマを見つけるとよいでしょう。

■ 事業アイデア・製品アイデアの発想法 ────────────

　アイデアの発想法としては、ブレーンストーミング法、KJ法などいろいろなものがありますが、製品開発や事業開発に使いやすいものが、「オズボーンのチェックリスト法」という強制発想法の1つです。テーマに対して、下記のようなチェックリストを用いて発想を促します。

- ・転用できないか：そのままで、または改善して他の用途に使えないか。
- ・応用できないか：何か似たものはないか。マネはできないか。（例：「俺の」シリーズで成功したフレンチで、イタリアンや和食などの店を展開）
- ・変更できないか：素材や形、色、意味などを変えてみたらどうか。（例：スケルトンボディーのコンピュータ）
- ・拡大できないか：大きくする、長くする、量を増やしたらどうか。（例：カップラーメンのメガ○○など）
- ・縮小できないか：小さくする、短くする、量を減らしたらどうか。（例：独身者用の炊飯器）
- ・代用できないか：何かで代用できないか、代わりになる材料はないか。（例：環境にやさしい厚紙製のストロー）
- ・入替できないか：入れ替えたり、順番を変えたらどうか。（例：クラウドファンディングの予約注文）
- ・逆転できないか：逆にして、役割を転換させたらどうか。（例：大人向けの家庭教師）
- ・結合できないか：合体、混ぜる、組み合わせを変えたらどうか。（例：カフェと書店、カフェとガソリンスタンドの一体型店舗）

　知的発想法のロングセラーである『アイデアのつくり方』（*A Technique for Producing Ideas*、ジェームズ・ウェブ・ヤング著,1940年）によると、アイデア作成の基礎となる原理とは、

　①　アイデアとは既存の要素の新しい組み合わせ以外の何ものでもない
　②　既存の要素を新しい組み合わせに導く才能は、物事の関連性を見つけ
　　　出す才能に依存するところが大きい

の2つということです。オズボーンのチェックリストは、既存の要素として発想の始点を固定して、そこから転用や応用など、他の要素と組み合わせられないか発想していく仕組みとも考えることができます。

　実際に、新事業参入で大きな成功を収めているケースで多いのが、ある業界や他国で成功したビジネスモデルを、別の業界や国内に持ち込むケースです。米国で成功した最新のITビジネスモデルを時間差で日本に持ち込んでくる、ソフトバンクの「タイムマシン経営」は有名です。

【ケーススタディ】

●身近なニーズから起業のヒントを得た例

　農家向けの作業管理（営農管理）アプリの開発販売をテーマにして起業したBさんは、実家が農家であり、家族が情報の整理に手間がかかっているのを見て、手軽に農作業が記録できるスマートフォンアプリのアイデアを思いつきました。直売所に農産物を納める際に農作物の生産履歴の情報をまとめなければならず、農作業が終わった後に、疲れたなかで紙に手書きで記録を残しているのを見て、何か役に立てることがないかと考えたそうです。

　皆さんの身近にも、「当たり前の習慣になっていて気づかない非効率なこと・不合理なこと」があったりするのではないでしょうか。

ノウハウ **10**　起業に役立つ情報源

Question 10

　起業にあたっては、どこで、どんな情報を集めるのがよいですか？

　また、協力をしたり相談に乗ってくれるパートナーや協力者を増やしたいのですが、どのような方法がありますか？

Answer 10

　起業にあたって調べておくべき情報は、①起業や会社設立の手続きに関する情報、②起業したい業界・業種特有の法規制・許認可の情報、③事業計画の作成方法に関する情報、④起業したい業界・業種の市場動向・顧客ニーズなどに関する情報、⑤起業にあたって必要となる経営資源（ヒト、モノ、カネ）を入手する方法、です。

　これらの情報は、書籍やインターネットで調べられるほか、創業支援施設等の相談窓口や創業セミナーを利用したり、各種の交流会に参加したり、中小企業診断士、税理士、社会保険労務士等の専門家に相談する等の方法があります。

起業時に調べるべき情報には、以下のようなものがあります。

①　起業や会社設立の手続きに関する情報

　個人事業の始め方や会社設立の手続きや掛かる費用について調べておきます。多くの書籍が市販されていますし、インターネットでも情報が得られます。

②　起業したい業界・業種特有の法規制・許認可の情報

　起業する業界に特有の規制や許認可などの制限がないか調べておきます。役所への届出が必要なだけでなく、店舗の設備や、資本金額や法人形態に条件があったり、製品の生産販売に許可が必要だったりする場合があります。管轄の官公庁のホームページやパンフレットを確認したうえで、官公庁窓口や専門家に相談するとよいでしょう。

③　事業計画の作成方法に関する情報

　金融機関、ビジネスパートナー、公的支援機関などでまず提出を求められる、事業計画の作成方法について調べておきます。特に資金計画については、作成方法を理解していないと作れませんし、事業計画上最も重視される部分なので、きちんと作成できなければなりません。インターネットや書籍を参考に作成したり、創業セミナーなどでアドバイスをもらいながら作成するのもよいでしょう。

④　起業したい業界・業種の市場動向・顧客ニーズなどに関する情報

　事業計画の作成にあたって、事業ビジョンの策定やマーケティングと営業戦略立案の参考資料、および販売予測の根拠として使用します。官公庁が出している各種統計調査や、民間の調査機関やシンクタンクがまとめた調査資料、金融機関向けの業界情報などが利用できます。

⑤　起業にあたって必要となる経営資源（ヒト、モノ、カネ）を入手する方法

　モノについては、大きく分けて「建物・設備・備品」と「商品およびそれを作るための原材料」になります。前者については、不動産屋や設備メーカーから購入したり借りたりし、後者については、製品メーカーや原材料メーカーから仕入れることになります。書籍やネットを調べたり、業界関係者に聞きながら、必要となるものや良い取引業者を探して、詳しい情報を取ることになります。

　ヒトについては、知人に紹介を頼んだり、インターネットのコミュニティを探して情報収集することもよいですが、積極的に創業支援施設や業界団体が行うイベントや交流会などに足を運んでみましょう。書籍やネットでは得られない、いろいろな人々の知見だけでなく、創業に役立つ人脈も得られると思います。カネについては、まずは創業支援施設や金融機関、専門家に相談するのがよいでしょう。

⑥　公的融資、税制優遇措置、補助金・助成金などの公的支援に関する情報

　国では起業・創業を積極的に支援しており、特に開業資金面の負担を軽減する融資制度や税制、補助金・助成金などの各種制度があります。利用

できるタイミングが限定されていることも多いため、事前に情報収集をして使える場面で有効活用するとよいでしょう。創業支援機関のホームページなどで情報収集したうえで、利用したい制度の詳細については管轄の公共団体の窓口や中小企業診断士などの専門家に尋ねるのがよいでしょう。

■ 起業に関して相談するとよい専門家

中小企業診断士や税理士、社会保険労務士等の専門家に相談し情報を集めたり、協力してもらうのもよい方法です。たとえば、資金調達などお金に関する相談であれば税理士や公認会計士に相談するのがよいでしょう。起業全般的な話であれば、最も幅広いのは中小企業診断士です。マーケティング、資金調達も含めた財務関係等、幅広く相談に乗ってもらえます。人を雇うビジネスであれば、社会保険労務士への相談も必要でしょう。会社設立手続きは司法書士、許認可の申請は行政書士、法律や契約関係や弁護士、特許や商標に関しては弁理士になります。

■ 公的機関の創業支援情報

起業・創業の支援をする公的機関には、経済産業省（中小企業庁を含む）、日本政策金融公庫、独立行政法人中小企業基盤整備機構（以下、中小機構）等があります。

○経済産業省

　・産業競争力強化法に基づく創業支援

　・研究開発型スタートアップ支援事業

○日本政策金融公庫が実施している支援制度

　・新創業融資制度

　・女性、若者/シニア起業家支援資金

○中小機構が実施している支援制度

　・中小企業成長支援ファンド

　・新事業支援施設（ビジネス・インキュベータ）による創業支援

　それぞれ窓口等も設けていますが、自分が起業しようとしている業種業態、事業内容等が、どの制度にどのようにマッチングするか、判断するのは難しいため、中小企業診断士やインキュベーション施設を訪ねて、包括的に相談するのがよいでしょう。

　また、民間の創業支援施設もあります。インキュベーション施設等もその1つですが、ほかにもさまざまな起業支援プラットホームがあるので、ネット等で検索してみてもいいかもしれません。

■ 図書館の活用

　今は、インターネットが発達し、多くの情報をネットで検索できるようになりました。しかし、本当に欲しい情報、必要な情報にたどり着くことは、情報の内容によっては至難です。

　ビジネス情報については、意外に図書館が役に立つことがあります。

> **＜東京都立中央図書館　ビジネス情報サービス＞**中小企業診断士による「ビジネス 起業・創業相談会」－無料で中小企業診断士に相談できます－
>
> 　 f シェアする　 ツイートする　 LINEで送る
>
> 公開日：平成27年（2015）6月24日
>
> 教育庁
> 産業労働局
>
> 　東京都立中央図書館では、ビジネス情報サービスとして、豊富なビジネス関係の資料を活用し、都民の皆様の様々な経済活動を支援しています。
> 　このサービスの一環として、（一社）東京都中小企業診断士協会及び（公財）東京都中小企業振興公社と連携し、中小企業診断士による無料の「ビジネス 起業・創業相談会」を開催いたします。この機会を是非御活用ください。
>
> **1　日時　各日とも　午後1時から午後5時まで**

　上記は、東京都のHPの都立中央図書館のビジネス情報サービスにかかる案内です（https://www.kyoiku.metro.tokyo.lg.jp/press/press_release/2015/release20150624_01.html）。こういった相談会以外でも、「帝国データバンク会社年鑑」や「日経会社情報」等の日本の企業情報、「業種別審査事典」、「業種別業界情報」等の市場・業界動向等の情報、日経BP記事検索サービスや

日経テレコン21等の企業に関する雑誌や新聞記事の検索、全国企業財務諸表分析統計等の経営指標の統計データ等を入手することができます。

■ 起業家コミュニティへの参加状況

　起業家の4割が起業家コミュニティに参加しており、参加理由は「ビジネスのヒントを得るため」「企業に必要な情報を得るため」が高くなっており、起業家の多くが、起業家コミュニティに参加し、起業のための「生きた」情報を入手していることが伺えます。

図表10-1　起業家コミュニティへの参加

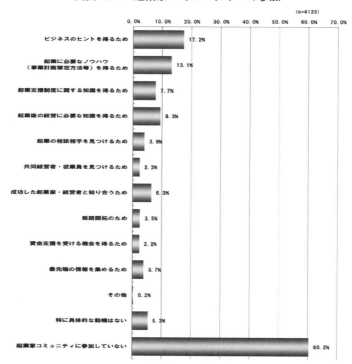

出所：中小企業庁委託「平成28年度　中小企業・小規模事業者の起業環境及び起業家に関する調査　報告書」平成29年3月　三菱UFJリサーチ＆コンサルティング
https://www.meti.go.jp/meti_lib/report/H28FY/000225.pdf

ノウハウ11　起業と仲間づくり

Question 11

> 起業は1人で行うほうがよいですか、仲間と行うほうがよいですか？

Answer 11

> ビジネスには1人でできるものと、そうでないものがあります。また、仲間と行う場合にはメリット、デメリットを理解したうえで進めるとよいでしょう。

　起業を志す場合、1人で思いつく場合と、仲間と意気投合して始めようという場合があります。

　まず、その事業が1人でもできるものなのか、また、1人で行ったほうが有利なのかを考えてみましょう。IT化が進んだ今の時代、実は多くのビジネスは、ある程度までは1人で行うことも可能です。

　法制度面からみると、コンサルタントや職人業、クリエイターや芸能関係ビジネスは個人事業として1人で行います。株式会社や合同会社（LLC）等は1人でもできますが、合資会社、有限責任事業組合（LLP）、一般社団法人や一般財団法人等は、2名以上の社員が必要になります。

　基本的に個人の技術に依るところが大きいビジネスは、仕事の成果の品質や使われるノウハウが非常に属人的なため、1人でスタートするほうがうまくいくようです。事業拡大を志向しない、農家や治療院、個人商店のようなビジネスであれば、家族で行うのが最もコストパフォーマンスに優れています。製造業などもIT化の進展により、企画設計とマーケティングだけを自分で行い、生産は外注の中国の工場に依頼、販売はインターネットモールで売る、などのファブレス型のメーカーであれば、1人で経営することも可能です。

　とはいえ、起業の大変な時期に、物心両面から支えてくれる仲間が経営に参画してくれるのは、非常に心強い面があります。短期的には、信頼できる

仲間が経営に参画してくれれば、互いの得意分野を生かして弱みをカバーしあい、事業を速いスピードで立ち上げられるでしょう。

　複数の人で経営課題へ対応することで、よりよい戦略を練ることができます。1人で経営していると、自分が病気になった際には、それが数日程度で治る風邪等であっても、その間仕事は完全に止まってしまいますが、仲間がいれば問題がありません。

　基本的には、志を同じくする仲間であれば、一緒に起業するほうがメリットが大きいでしょう。問題になるのは、起業後しばらく経ってから、やりたいことや求めることが違ってきた場合に、意見が対立して会社が立ちいかなくなる恐れがあることです。場合によっては従業員や顧客も巻き込んで争いになるケースもよくあります。

　2人以上で起業する場合には、誰がリーダーシップを取るか（主と従）を明確にしておいたほうがよいでしょう。意見が異なった場合、最終決定ができない状態に陥ると、事業は頓挫してしまいます。

　たとえば、共同代表ではなく代表者は1人にする、株式会社であれば出資比率は51％と49％にして差をつける、などです。

　アフリカのことわざに「もしあなたが、急いで行きたいなら、1人でいけ。しかし、もしあなたが、遠くへ行きたいなら、一緒にいけ」というのがあるそうです。まさに起業について当てはまる言葉ではないでしょうか。

■ 起業する際に検討している企業形態

　男性・女性を問わず、また年代を問わず、検討している企業形態は個人事業（個人事業者）が多い、という統計データがあります。

　個人事業者のほうが、開業にかかる手間や費用が少なく済みますし、税務申告も比較的簡単に済ませられます。また、事業者としての社会保険などへの加入義務もありません。一方、資金調達等をしようとする場合に、銀行等に対する信用度が低いというデメリットもあります。業種によって異なりますが、サービス業や小売業等を1人で始める場合には個人事業から始め、成

図表 11-1　起業する際に検討している企業形態

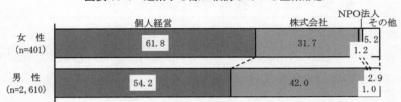

資料：日本政策金融公庫総合研究所「2013年度新規開業実態調査（特別調査）」(2013年)（以下同じ）
出所：日本政策金融公庫総合研究所「女性起業家の開業～「2013年度新規開業実態調査（特別調査）」
　　　の結果から～」
　　　https://www.jfc.go.jp/n/findings/pdf/topics_131224_1.pdf

長してきたら株式会社への法人化の手続きを取るほうがお金と手間の節約に
なります。製造業など、初期の段階から多くの資金や人手が必要な場合には、
最初から株式会社や合同会社等の形態を取ったほうが、スムーズに事業展開
が行えます。

◎経営者は孤独？

　美容業界で成功しているある起業家（女性）のCさんが、起業家交流
会で出会った創業希望者から「経営者は孤独なんですよね」と聞かれた
そうです。確かに「経営者は孤独」とよくいわれます。仲のよい仲間と
起業したとしても、頑張ってくれる従業員がいたとしても、決して経営
者と同じ気持ちになってくれることはない、という意味だと思います。

　経営者の悩みは同じ経営者でないとわからない、ということで経営者
の集まりなどで悩みを共有している社長も多いようです。

　しかし、必ずしも悲観的になる必要はないのかもしれません。その起
業家は、「経営者は孤独かもしれないけど、孤独と孤立は違う」と話し
たそうです。経営者になることで従業員も含めていろいろな人々とつな
がりができ、それが経営者の何よりの励みになるのではないでしょうか。

ノウハウ12 ターゲット顧客を絞り込む

Question 12

> 事業計画を説明していたら「ターゲット顧客」について聞かれましたが、どのように考えればよいですか？

Answer 12

> 創業時には、「ターゲット顧客」はなるべく絞り込みましょう。

ターゲット顧客とは、そのまま「標的顧客（層）」のことで、皆さんの消費・サービスを購入してくれるであろう顧客層を指します。

創業支援を行っていると、ターゲット顧客について誤解している人によく出会います。「ターゲット顧客はたくさんあります」、「ターゲット顧客はすべての層です。私の製品はいろいろな層に買ってもらえる可能性があります」というケースです。

実際には、いろいろな層に製品を買ってもらうためには、たくさんの製品をラインアップに用意しなければなりません。たとえば、日本を代表する企業、トヨタ自動車の製品ラインアップには、クラウンのような高級セダン、ハイエースのようなワゴン車、スープラのようなスポーツカー、カローラのような大衆車やヴィッツのような小型車まで、全方位の顧客をターゲットとして取り揃えられています。これは、トヨタが自動車業界市場で、「マーケットリーダー」だからです。「リーダー」は市場のトップシェアを獲得しており、それを維持する資金力、ブランド力や技術力を持っているからこそ、「全方位戦略」がとれるわけです。

これから起業するスタートアップ企業は、参入する市場でのシェアは0％です。最後尾からの出発になります。また、資金も決して豊富ではなく、ブランド力もないため、「全方位戦略」をとることができません。

　ターゲット顧客を絞る理由は、大きく2つあります。「経営資源の集中」と「専門性の魅力」です。

　「経営資源の集中」というのは、実際にターゲット顧客を絞らないと営業・販売活動ができないからです。たとえば企業向けに海外業者を使って安く印刷をするビジネスを創業したとします。このビジネスを宣伝するためにダイレクトメールを送るとして、日本全国500万社にダイレクトメールを送ることはできません。何らかの基準（地域、業種、起業規模など）で、ターゲットを絞り込んで送ることになります。ここで条件を絞り込むときに考えることは、「どの基準に当てはまる会社が販売確率が高いか」ではないでしょうか。それがターゲティングそのものです。少しでも自社の商品・サービスに目を留めてくれ買ってくれそうな顧客、つまり対象顧客のニーズと自社製品の強みが重なる顧客層が、ターゲット顧客となります。

　もう1つは「専門性の魅力」です。皆さんはショッピングセンターのフードコードでラーメンが食べたいとき、「ラーメンもある中華レストラン」と「ラーメン専門店」のどちらを選びますか？

　普通は、ラーメン専門店を選ぶのではないでしょうか。何でもやっている店は、どのメニューもそこそこの味だが、ラーメン専門店のラーメンはおいしいだろう、と考えるわけです。競争が激しい市場に後発で参入する場合、「専門性」がないと選んでもらえません。必然的に「顧客層を絞って」、その顧客層に合った商品・サービスを専門的に取り扱うことをアピールすることで、顧客に選んでもらうわけです。

　このように、「ターゲット顧客」と「商品やサービスのアピールポイント」は車の両輪であって切り離しては考えられません。その両輪をつなげるのが「顧客ニーズ」になるわけです。商品やサービスの独自性を選ぶことは、ビジネスの本質であって、「ターゲット顧客が絞れていない」としたら自社の商品やサービスの一番のアピールポイントが理解できていない、ということになります。その場合は、顧客ニーズを把握するための市場調査が必要です。

なお、「ターゲット顧客」を明確にすることで、市場規模と売上目標の算定が可能になります。統計データなどから市場規模と現実的な売上目標を算定することができます。売上目標は、経営計画（利益計画等）のベースとなります。ターゲット顧客が明確でない販売計画は説得力に欠けるものとなり、信頼性のある事業計画の作成ができません。

　ターゲット市場から販売計画を立てる場合には、統計データや調査データと仮説を組み合わせて市場規模を計算し、そこから販売計画に落とし込みます。

【農産物直売所（ロードサイド型）の販売計画の例】

①　商圏内世帯数（商圏が車で 20km とする）　　：10 万世帯
　　（国勢調査　人口統計より）

②　1 世帯当たり食品購入額（1 ヵ月当たり）　　：6 万円/世帯
　　（家計消費統計より）

③　潜在市場規模（商圏内の総食品消費額）　　：60 億円/月
　　（①×②）

④　食品購入に農産物を買う習慣のある家庭　　：20％
　　（農林水産省アンケートからの仮説）

⑤　ターゲット市場の規模（商圏内の直売所市場）：12 億円/月
　　（③×④）

⑥　売上予測額　　　　　　　　　　　　　　　　：3 億円/月
　　（仮説：商圏内競合店が 3 店あることから、⑤× 1/4）

図表 12-1　市場＝見込み客の集まり

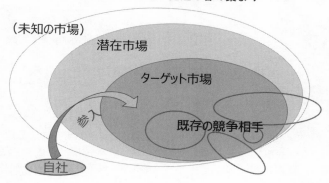

（未知の市場）

潜在市場

ターゲット市場

既存の競争相手

参入

自社

■ ターゲット顧客の絞り込み方

　ターゲット顧客の絞り込み方には決まりはありませんが、以下のような方法がよく使われます。個人向け（一般消費者向け）ビジネスと、法人向け（事業用途）ビジネスとでも、異なる方法が使われます。

(1)　個人向け（一般消費者向け）ビジネスの場合

カテゴリー	指標	例
①人口動態 　変数	・世代（ライフステージ） ・職業 ・性別 ・世帯の状態	・10 代、20 代… ・学生・主婦・会社員… ・男性、女性… ・単身者、ファミリー、2 世帯…
②地理的変数	・距離 ・国・文化	・1 km 内、2 km 内… ・中央線沿線、東急線沿線… ・関東、関西… ・アメリカ人、中国人…
③心理的変数	・趣味、嗜好、性格 ・ライフスタイル	・旅行好き、スポーツ好き… ・LOHAS 志向、ビーガン、意識高い系、…
④行動変数	・購買経験（ユーザー） ・購買頻度（リピーター）	・未購入者、購入者、リピーター、…
⑤収入・所得		・年収 200 万円台、300 万円台、… ・世帯主、扶養、…

(2) 法人向け（事業用途）ビジネスの場合

カテゴリー	指標	例
①業界・業種	・業種 ・業態 ・業界体質 ・販売ルート ・各種規制、業界標準	・製造、建設、小売、情報、行政、… ・メーカー、ネットビジネス、フランチャイズ、個人商店… ・ISO9000 の取得企業、プライバシーマーク対応企業…
②組織	・組織形態： ・部署 / 業務 ・役職： ・意思決定権限	・株式会社、個人事業、… ・営業、工場、店舗、総務、経理、人事… ・社長、役員、部長、課長、一般社員、… ・決裁者、選定者、利用者（ユーザー）
③地理的変数	（個人顧客と同様）	
④行動変数	（個人顧客と同様）	
⑤企業規模・ 事業規模	・売上・利益 ・従業員数、事業所数	・売上 1,000 億円超、500 億円超、… ・従業員数 5 人未満、10 人未満、…
⑥関連製品の 有無	・ハード、ソフト、サービス ・ビジネスパートナー	・××社の携帯電話利用者、… ・○○社の取引先、…

　なお、法人向けのターゲット顧客については、「会社」と「人」の両面でとらえる必要があります。また、「複数の人が購入決定に関わる」ので、注意が必要です（ユーザーが選定して部長が決裁する、など）。

■ 複数ターゲットの使い分けとペルソナ

　商品の性質によって、事業戦略とマーケティング戦略上では、ターゲットを使い分けることがあります。事業戦略上のターゲット顧客はお金を払ってくれる人ですが、マーケティング上ではそれ以外の客層をターゲットにするケースがあります。

① ユーザー（利用者）とバイヤー（購入者）が異なる場合

　子供の玩具や子供向け書籍が典型です。TVCM などのマーケティングは子供向けに行いますが、実際に購入するのは子供にせがまれた親や祖父母です。

②　インフルエンサーをターゲットにすることが有効な場合

　たとえば、高齢化社会が進む中で高齢者向きの商品やサービスが数多く開発されていますが、「お年寄り向き」と銘打って販売しているものはほとんどありません。高齢者は年寄り扱いされるのを嫌うためです。そこで、たとえ高齢者向けに開発した商品やサービスであっても、もっと若い世代を対象とした商品としてプロモーションを行うわけです。この場合、マーケティング上のイメージターゲットは中年世代などに設定するのですが、リアルターゲットは高齢者というわけです。

　最近は中国人のインバウンド観光客向けの商品も多く開発されていますが、最初から「中国人観光客向け」としてマーケティングすると売れないため、「地元日本人向け」の製品の体にして販売するのも、似たケースです。

　なお、商品開発の方向性やマーケティング上のプロモーションイメージを関係者が一致させるために、架空のイメージキャラクターを設定して共有することがありますが、それを「ペルソナ」と呼びます。たとえば「父が海外出張によく行く商社マンで、母が元丸の内OLの専業主婦の長女で、渋谷の私立女子高に通う、スポーツ好きの高校生」のような形です。実際にそのようなターゲット顧客が十分に存在するかは関係なく、架空の「インフルエンサー」として設定し、そのようなライフスタイルにあこがれるリアルな顧客層の心をとらえる商品開発やプロモーションを行うための方法です。

【ケーススタディ】

●ある豆腐店の事例

　東京のある豆腐店で、豆腐を作る際に余る「おから」を使ったクッキーを開発しました。原材料は、国産大豆など無添加の原料で作り、健康によいお菓子という位置づけで販売に取り組みましたが、ちょっと堅めの食感のために、思うように売れ行きが伸びませんでした。そこで、訴求ポイントとターゲット顧客を若干変えて、堅めの食感を逆手に取り、「歯ごたえがあり、歯を丈夫にする、噛むことで脳に刺激を与えるため、頭もよくなる」といった効果を、小さい子供のいる母親にアピールすることにしました。おからの健康イメージも相まって、今は順調に売上が伸びています。

　この例では、実際に製品を食べる子供という「ユーザー」と、お金を払って購入する母親という「バイヤー」の両方をターゲットとして、うまくアピールした戦略です。

第 3 章

起業にあたって知っておくべき基本知識

Question 13

　事業を始めるにはどうすればよいですか？　会社をつくるにはどうすればよいでしょうか？

Answer 13

　まずは、自分がどのような事業を行いたいかを整理し、いろいろな事業形態ごとのメリット・デメリットを理解してから、自分の考える商売に合った事業形態（個人事業か、株式会社か、その他の事業形態か）を選択します。

　起業に興味を持っている方は、まず「会社のつくり方」などの情報収集をされると思います。でも少しお待ちください。必ずしも「事業を始める」＝「株式会社をつくる」ではありません。事業を行う方法は、会社（いわゆる株式会社）をつくる以外にもいろいろあり、事業内容による向き不向きやメリット・デメリットがあります。まず自分が行いたい事業について、以下のポイントを整理してみましょう。

・自分のやりたい業界・業種は？

　☞開業にあたって許認可が必要となる場合、「株式会社」など特定の組織形態が要件となっていることがあります。

・起業にあたっての理念や想いは？　起業目的は何か？

　☞起業の目的や目指す理念によって、適した組織形態が異なります。儲けや事業規模拡大がゴールなのか、儲けは重視せず社会貢献が目的かによっても異なります。

・最初から人を雇いたいか、当面個人でスタートしたいか？　人を雇う場合は、家族親類か、それ以外か？　またフルタイムで働いてもらうか、パート・アルバイトか？

　☞組織形態によって社員に与えるべき待遇が変わったり、税金や社会保険

料の負担率が変わったり、各種の優遇措置が利用できたりします。

・当初から、大きな会社や公的機関との取引が見込まれるか？　また、高額
　の取引が見込まれるか？
　☞組織形態によって取引先からの信用が変わりますし、経営者が負うこと
　　になるリスクも変わります。

・提供する商品やサービスは、人の安全や他の人の財産に影響を及ぼすもの
　か？
　☞安全性に関わるものには通常許認可が必要となり、また、経営者のリス
　　クも高まります。

・創業は 1 人で行うか、複数の仲間で行うか？　お金や技術・ノウハウを出
　す協力者が、経営にも携わるのか？　協力者は何を期待して支援してくれ
　るのか？
　☞他人からの出資の有無や経営への参画度合い、さらに支援者が何を見返
　　りとして期待するかで採用すべき組織形態が変わります。

　これらが明確になれば、おのずと適した組織形態が決まってきます。最初
に決めるべきことが、個人事業にするか、何らかの法人（会社組織）にする
かです。迷った場合は、当初は個人事業でスタートしておき、その後何らか
の会社組織にしてもよいでしょう。

(1) 個人事業と法人の創業の基本的な違い

　個人事業（個人事業主）は、事業と個人は一体です。事業の儲けは個人の
所得（利益）であり、事業上の義務や責任は、すべて個人が負うべきもので
す。借りたお金は当然事業主（代表者といいます）が返さなければなりませ
ん。たとえば、雑貨を仕入れて販売するお店を個人で行うと個人事業となり
ます。商店街のお店、美容院、飲食店、治療院、農家などが典型的な例です。
クリエイターや芸能人、弁護士などの専門家、フリーランスも、多くは個人
事業です（規模が大きい場合は、法人化している場合もあります）。個人や
家族で経営している事業の多くが個人事業ということです。

何らかの法人（会社組織）にすると、事業は「法」的に独立した「人」となり、創業者や経営者と離れ、独立した権利・義務・責任の主体になります。事業の儲けは法人の儲けであり、事業上の義務や責任（たとえば借金の返済義務）は法人（会社など）に発生します。

　経営者は、（法人の連帯保証人にならない限り）個人で会社の借金を返す義務はありませんし、会社がいくら儲かっても決められた給料（役員報酬）の範囲でしかお金をもらえません。

　事業を1人ではなく仲間と一緒に対等の立場で進めたいとか、社会的な器として地域社会・従業員・支援者・取引先とともに成長していきたい場合は、権利・義務・責任が代表者個人のみに帰属する個人事業ではなく、法人組織のほうがふさわしいでしょう。当然、事業が代表者個人の所有物となる個人事業より、複数の関係者が責任主体となって透明性を持って運営される法人のほうが外部からの「信用」は高くなります。

(2) 法人組織での創業

　法人組織にもいろいろな形態がありますが、大きくは、会社（株式会社、合名・合資・合同会社）とその他（社団法人、組合など）に分けられます。

　それぞれの利点や欠点・制限を理解し、自分がこれからつくる事業に合った事業形態を選択します。

■ 法人の形態ごとの特徴

① 株式会社

　法人形態として最も一般的な形態です。民主的で透明性のある運営が義務づけられているため、社会的な信用が最も高く、世の中の多くの会社は株式

会社です。その特徴は、1) 所有と経営の分離、2) 有限責任、の2つです。

　1) の所有と経営の分離は、事業資金を提供し（出資）「株式」を持つ「株主」と、経営者である「取締役（役員）」が分離されていて、経営者は、会社の所有者ではなく、スポンサーである出資者からの委任を受けて事業を行っている立場ということです。

　所有と経営を分離することで、経営者は、数多くの出資者から多額の資金を集めることができ、自らの資金力に限定されずに、能力さえあれば大きな事業をできるのがメリットです。経営者は、株主から預かった資本を事業により増やして、配当をお返しするという役割があります。

　創業時には、社長（代表取締役）が大半の事業資金を出資するケースと、複数の創業メンバーが案分して出資するケース、さらに、何らかのスポンサーがいて社長に100%出資してくれるケースがあります。

　いずれのケースでスタートしても、事業が大きくなっていくなかで、ビジネスパートナーや金融機関など第三者の出資を受け入れて、株主が分散していくのが通常ですが、なかには規模がそれなりに大きくても株主が経営者およびその親族に集中し、所有と経営が分離していないケースがあります。その場合は「オーナー社長」と呼ばれ、社長の権限がとても大きくなり、良くも悪くもワンマン経営であることが多いようです。

　逆に、社長が株をほとんど所有していない場合は、社長といえども発言権が小さく、良い意味ではプロ経営者、悪い意味では雇われ社長・サラリーマン社長、と自嘲的にいわれることもあります。

　2) の有限責任は、出資者の責任は出資額までに限定されているという意味です。出資者は、株の持ち分に応じて企業の財産の分け前を請求する権利を持ちますが、企業の業績が悪化して会社自体が借金を返せなくなったとしても、その権利を放棄すればよく、借金の返済義務まで引き受ける必要はないということです。

> ◎株式会社の由来
>
> 　株式会社は、株式という社員（ここでいう社員とは、出資した人であり、従業員とは区別する）の地位を分割し、1口分が安くなるため、より広い範囲で出資を募ることができるようにした仕組みで、集まったお金で事業を行い、利益が出れば出資者に還元するものです。
>
> 　株式会社の由来は大航海時代にさかのぼり、リスクの高い海外航海において、航海の都度出資を募り、航海が終わるたびに貿易による配当・清算を行う仕組みとしたのが始まりといわれています。
>
> 　日本では、坂本龍馬が貿易のために「亀山社中」という株式会社をつくったのが最初といわれています。

②　持分会社（合名・合資・合同会社）

合名・合資・合同会社は、株式会社と異なる形で出資者や経営陣の権利や責任を設定したい場合に利用されます。

- ・合名会社　→　無限責任社員のみで構成される会社。
- ・合資会社　→　無限責任社員と有限責任社員で構成される会社。
- ・合同会社　→　有限責任社員のみで構成される会社。

これらは株式会社よりも設立が容易なため、小規模な事業やプライベートな事業を法人化したいときに使われます。なかでも最近は合同会社が増えています。英語ではLLC（Limited Liability Company）と呼ばれ、小規模な会社だけでなく、アマゾンやグーグルなどの大企業でもこの組織形態をとっています。「所有と経営」が一体で、決算公告が不要で、役員選任の自由度も高く、迅速な意思決定ができるため、あえてこの形態を選択しています。

合同会社は、社員全員が有限責任で、経営に関する決定権を持ちます。株式会社はその出資額により議決権や利益分配が比例しますが、合同会社は必ずしも出資額に比例させる必要はありません。たとえば、お金がなくても会社にとって重要な技術を持っている人に利益分配を多くするなど、能力に応

じた議決権や利益分配の比率を取り決めることが可能です。そのため、出資金の大小にかかわらない権限付与が可能となります。

　デメリットとしては、株式会社のように広く出資を募ることはできません。また、合同会社という形態の認知度も低いため、社会的信用面では株式会社に劣ります。広く出資を募る必要がなく、経営陣に会社の意思決定の権限を集中させたい場合は、合同会社が適しているといえるでしょう。

③　社団法人および NPO（特定非営利活動法人）

　非営利事業を行うための法人で、地域振興や社会的弱者の支援、公的な業界団体の運営など、いわゆるソーシャルビジネスを行う際に活用されます。

　社団法人は、非営利法人のことで、「一般社団法人及び一般財団法人に関する法律」に基づき設立されたものをいいます。「非営利」とは、獲得した利益を出資者で分配することを目的としていないことをいいます。利益は収入から経費を引いたものであり、従業員や理事の給料や役員報酬は、利益分配ではなく労働の対価（経費）であるため支払うことができます。

　何らかの目的を達成するために人が2名以上集まって、法務局に登記すれば、「一般社団法人」となります。

　NPO は「Non-Profit Organization」（または「Not-for-Profit Organization」）の略称で、特定非営利活動を行うことを目的とした法人です。ボランティアなど市民の自由な社会貢献活動を行い、非営利活動において法人税が原則非課税となります。特定非営利活動とは、特定非営利活動促進法で定められた20分野に限定されています（保険・医療・福祉、社会教育、まちづくり・観光・地域振興、災害救援・地域安全、スポーツ振興、人権擁護、国際協力、科学技術、経済・雇用、消費者保護などの分野）。詳しくは内閣府　NPO ホームページ「特定非営利活動（NPO 法人）制度の概要」を参照してください。
https://www.npo-homepage.go.jp/about/npo-kisochishiki/nposeido-gaiyou

Question 14

個人事業と株式会社では、どちらが有利ですか？

Answer 14

個人事業と株式会社は、根本的な考え方が大きく異なるため、経営に対する考え方、事業の内容や協力者の有無を考慮して決めるべきです。税金面では、一般的には売上が小さいときは個人事業、大きくなると株式会社など法人のほうが有利になりますが、創業時の一時的な税金の多寡を基準に判断することはお勧めしません。

　創業にあたって、事業形態で迷う場合は、個人事業と株式会社の間の選択であるケースがほとんどでしょう。実際に、創業予定者からよく「個人事業と株式会社はどちらが有利ですか？」と聞かれることがあります。特に税金面での損得を知りたいようです。

　ここでは、両者の違いについて、主なものを4点説明します。

①　事業を開始するための手続き

　個人事業は、所轄の税務署に開業届を提出するのみです。法人の設立には、登記や定款作成、資本の払込みなど、さまざまな手続きが必要となるため、手続きの面で比較すると、個人事業は法人に比べ簡単に開業できます。設立費用もほとんどかかりません。法人は開業に手間、時間、費用が多くかかります。

　（具体的な手続きの詳細については、「ノウハウ15、16、18」の項で説明します。）

②　税金

　最も質問が多いのが税金面の違いについてです。個人事業の場合、事業の収益は経営者個人の所得とみなされ、税金は事業主個人の所得税としてかけられます。個人の所得税は、超過累進税率が適用されますが、これは、所得

が多ければ多いほど課税率も大きくなる課税方式です。つまり、事業で利益が多くなると、増えた所得に対してはさらに高い税率がかかります（最大45％）。また、事業主が死亡した場合、個人の財産も事業用財産もすべて相続税の対象となり、相続税がかかります。

　一方、法人の場合、法人税は課税率が一定であるため、利益が多くなっても課税率は変わりません（通常、所得800万円以下の部分は15％、800万円超の部分は23.2％）。また、社長自身や、家族を従業員として雇う形をとれば、家族に対し給与を支払い、配偶者控除・扶養控除を適用することもできます。その金額は法人に費用計上できるので、節税になります。ほかに、経営者が死亡したとしても、法人が死ぬことはないため、相続税はかかりません。このように、税金面に関しては法人のほうが有利であるといえそうです。

　なお、法人の場合は、業績が赤字で利益が出ていなくても、法人住民税として年7万円の税金が徴収されることに留意が必要です。

③　社会保険加入義務

　個人事業は、従業員が5人未満の場合、原則社会保険（健康保険、厚生年金）については任意加入であり、加入は強制ではありません（労災保険、雇用保険は原則強制加入）。一方、会社（法人）であれば従業員の有無にかかわらず、すべての社会保険の加入義務が発生します。社会保険の保険料は、雇用主が全額負担（労災保険）または半額負担（健康保険、雇用保険、厚生年金など）しなければなりません。

④　社会的な信用度

　社会的な信用度については、個人事業より法人のほうが高い傾向にあります。理由は、社会（外部者）に対しての開示度合いの違い（登記や財務諸表作成など）や設立の手間の違いにあります。個人事業は比較的容易に開業でき、その後特に開示の必要がないため、経営の状況は第三者からみて把握しづらいところがあります。

　一方、法人は、設立手続きが決まっており、その後も登記や定款、財政状況の開示等により第三者が状況を確認しやすいです。このため、銀行からの

融資や取引先（特に大手企業）との取引開始、従業員募集の際には、法人のほうが有利といえます。

　最終的な事業形態の選択にあたっては、事業の目的や目標とする事業の規模に合わせて検討する必要がありますが、簡単に事業を始めたいときに有利なのは個人事業で、手間はかかるものの社会的な信用や利益が多いときの税金面で有利なのは株式会社といえます。外部から出資を受けるなら、もちろん株式会社です。

　迷った場合は、とりあえず個人事業でスタートしておき、必要になったら法人化しましょう。もちろん、「まずは社長になりたい！　株式会社で始める！」という選択も悪くはありません。お金や手間はかかりますが、その分社会的信用が高く有利に事業を進められるでしょう。

　ちなみに、各種統計によると、個人事業での開業数のほうが、法人設立数よりもやや多いといわれています。

ノウハウ **15**　個人事業の始め方

Question 15

個人事業の始め方を教えてください。

Answer 15

税務署に開業届を提出します。

　個人事業を始めるのに必要な手続きはただ1つ、税務署への開業届の提出です。株式会社など法人の設立に比べると非常に簡単だといえます。フリーランスや家族経営の事業は、まず個人事業での開業を検討しましょう。会社設立するかどうかを迷っている場合は、個人事業として開始してから、あとで法人化（法人成り）する方法もあります。

■ 青色申告と白色申告

　個人事業主は税金の申告方法によって、青色申告者と白色申告者に分かれます。

・青色申告

　一定水準の記帳（正規の複式簿記）に基づく申告をする人が、主に以下の4点について、税金面で有利な扱いが受けられる制度です。

　① 青色申告特別控除：青色申告するだけで課税所得が減らせる

　② 青色事業専従者給与：家族への給与を経費にできる

　③ 純損失の繰越：赤字の年の損失で黒字の年の課税所得を減らせる（3年まで）

　④ 少額減価償却資産の特例：30万円未満の償却資産を1年で経費にできる

・白色申告

　特に青色申告をしなかった場合には自動的に白色となります。上記のような特典は受けられません。

以前は、白色申告者は簡易記帳・単式簿記で申告ができたのでメリットがありましたが、現在は白色申告者にも記帳・記録保存制度が設けられたため、申告の手間があまり変わらなくなり、青色申告の有利性が高まっています。

　ただし、青色申告を始めるには、開始したい年の3月15日までに青色申告承認申請手続を行わなければならず、すぐには始められないところに注意が必要です。

　なお、「青色」「白色」の呼び名は、確定申告の申告書の色から付けられた呼び名です。

■ 株式会社の社長は、個人事業主より責任が軽いのか？

　株式会社の取締役（含む代表取締役、いわゆる社長）における有限責任とは、事業が倒産した際に債権者に対する弁済の責任が、出資額の範囲内に限定される（有限責任）、というものです。そうすると、個人事業主よりも責任が軽くなるということでしょうか？

　実際には、そうともいえません。まず、社長を含む取締役は、出資者に対する説明責任を常に問われます。取締役が故意や重大な過失で会社に損害を与えた場合、株主から企業価値（株式の価値）を棄損したということで損害賠償責任を訴追される可能性もあります。

　また、中小企業の社長が、銀行からの融資を受ける場合には、法人の連帯保証人にならざるを得ないことが多いため、実質的には無限の責任を負っていることも多いです。

■ 副業について

　副業は、法律で明確に定義されているわけではありませんが、本業とは別に収入を得る仕事です。これまで否定的な目で見られることが多かった副業ですが、昨今働き方・生き方の多様化が進んだり、少子高齢化が進み働き手が不足してきたこともあり、世の中の見方が前向きなものに変わってきています。

　税務上は、所得（いわゆる収入）の種類には、「給与所得」の他に「事業所得」「不動産所得」「農業所得」などの種類があります。このうち大家さんの家賃収入である不動産所得や実家が農家で兼業農家の場合の農業所得は通常副業となりませんが、サラリーマン収入や役員報酬である「給与所得」や個人事業の儲けである「事業所得」は副業扱いとして、多くの企業で、就業規則や雇用契約で禁止されていました。

　しかし近年、ネットビジネスのように場所と時間を拘束されず、サラリーマンの仕事と並行してこなせる業態が増えたことと、企業側も終身雇用が保証できなくなったり残業制限で実質的減給を強いるようになってきたため、従業員が副収入を得ることを容認する風潮が高まっています。副業でも稼げるような有能な従業員を引き留めたい、多様な働き方に取り組む企業としてイメージアップすることで優秀な人材を集めたい、といった思惑もあるでしょう。

　そのような流れのなか、大手企業が副業を解禁することも多くなり、政府が副業促進の方針を固めたため（もともと憲法では職業選択の自由が保証されていますので）、副業しやすい時代になりつつあります。

　副業をする場合は、①個人事業で行う、②2つ目の会社の従業員になる（雇用契約を結ぶ）、③自分で法人の経営者になる（代表、役員、理事など）のパターンがあります。一口に「副業OK」とはいっても、②の雇用契約を二重に結んだりすることは禁止されていることも多いので、注意が必要です。

　副業で気をつけるべき点は、以下の3点です。

　1）現在勤務している会社の副業規定（就業規則、雇用契約など）を確認し、必要に応じて、会社の許可を取りましょう

　2）副業の分の税金は確定申告を行い、きちんと納めましょう

　通常会社員は個人で確定申告は行いません。会社がまとめて納税代行しているからです。副業を行い、事業の儲けとして事業所得（事業で得た収入－事業にかかった経費）を得たら、その分も所得税の課税対象となります。株

式会社の役員の場合は、会社から自分に役員報酬を支払い、自分には給与所得が発生します。売上が 1,000 万円を超える場合は、消費税の支払い義務も発生します。

　3）勤務先に迷惑がかからないようにしましょう

　本業と競業したり、利害関係が発生する事業を行うことはいけません。副業の取引先で起こしたトラブルなどで本業の会社に迷惑がかからないようにしましょう。また、本業がおろそかにならないよう、副業のスケジュール管理をしっかり行いましょう。

　特に 3）にはそれなりのマネジメント能力が求められますので、その自信がない方には副業はお勧めできません。

　なお、副業を認める企業が増えたとはいえ、依然として企業の大半は副業を認めることには否定的です。仮に副業が認められたとしても、本業の上司や仲間からは否定的に見られることもあります。

　とはいえ、副業で得た経験や人脈を本業に生かして会社に貢献することで、好意的にみてくれる人も増えてくるでしょう。副業に興味のある人も応援してくれると思います。もし副業が許される会社に勤めているのであれば、起業へのステップとして、副業に取り組むことはお勧めできるアプローチです。副業で得られた経験と人脈、そして自信が、将来の起業に大きく役立つことになるでしょう。

ノウハウ 16　会社のつくり方

Question 16

株式会社のつくり方を教えてください。

Answer 16

①発起人が会社の基本的な事項を決定し、定款にまとめる、②定款を公的機関に認めてもらう、③出資金を払い込み設立、④法務局へ登記、という流れで完了です。その後、⑤各官公署に必要な届け出を行います。

　会社のつくり方といっても、具体的に、どんな順序で何をするのかがわかりにくいところです。それは「会社」の形がいくつもあることと、会社の組織形態（機関設計といいます）にある程度の柔軟性があり、それによって手続きが変わることも理由の1つです。ここでは、最も一般的な法人形態である株式会社、特に小規模で起業する際、設立する人（発起人）が1人で、自分で貯めたお金（自己資金）で会社を設立する場合を想定して、設立手順を説明していきます。

　株式会社の設立で行うべき手順は、大きくは以下の4ステップです。

　①定款（会社の基本的な決め事）を決める、②定款を公的機関で認定してもらう、③出資金を払い込み設立する、④法務局で設立登記をする

　これらの作業は発起人である代表者がすべて行うことができますが、面倒な人は、司法書士に設立を依頼する方法があります。設立費用には、自分ですべて行う場合には25万円弱、司法書士に依頼すると手数料がかかり30万円前後を見ておきましょう。これに加えて、出資金を別途準備しなければなりません（それはそのまま開業後の事業資金になります）。

　手続きにかかる期間としては、①〜③でおおむね1〜2週間、④が終わって開業後に銀行口座や不動産契約など各種の手続きを行うためには「登記簿」という登記内容の証明書が必要となりますが、それが得られるのに1週間強がかかります。そのため、実質的に事業活動を開始する最低3週間前に

は設立作業にとりかかる必要があります。

　株式会社の設立は、定款認証と登記という手続きを経ることで、「その事業を行っている会社が本当に実在する」ということを国が証明し、出資者や債権者を保護しているわけです。ここが、事業の実態が税務署以外にはわからない個人事業と異なる点です。また、それゆえ「法人」として単独で各種の契約行為の主体になることができます。実際に株式会社で事業を始めると、銀行口座の開設をはじめとして、たびたび証明書として登記簿を請求されることがあると思います。

　なお、株式会社の設立手続きには、発起設立と募集設立とがあります。
　設立時に発行する株式の全部を、発起人が引き受けて設立する場合を発起設立、設立時に発行する株式の一部を発起人、残りを募集により引き受けてもらって設立する場合を募集設立といいます。創業の多くは発起設立であるため、以下は発起設立を前提として説明します。

■ 株式会社設立のプロセス

　株式会社設立のプロセスは、以下のようになります。

①発起人（出資者）を決定する。

②会社の基本事項を決定する。

③定款作成・認証

④出資金払い込み

⑤設立時取締役設置

⑥設立登記申請

⑦各官公署へ届け出

①　発起人を決定する

発起人とは、会社設立までの手続きを行う人で、設立後の株主になる人です。発起人は、会社の基本的事項を定める「定款」の作成、会社設立時の取締役選任などを行います。発起人になるための要件に、特に制約はありません。誰でもなれますし、法人であっても発起人になることは可能です。通常は、設立後の役員（取締役、社長を含む）がなることが多いです。

②　会社の基本事項を決定する

会社の基本事項とは、会社名、事業の内容、本店所在地や組織形態（機関設計）などです。定款に記載することとなります。

③　定款作成・認証

発起人は定款を作成し、公証役場で公証人の認証を受けます。公証人とは、法務大臣任命の法律の専門家で、公証役場で公務員として公務を行っている人です。定款とは、会社の基本事項をまとめたもので、会社を運営するための根本的な原則です。会社は、法律と定款に従って運営することになります。

◎定款の記載事項

定款に記載する事項は、ア）絶対的記載事項、イ）相対的記載事項、ウ）任意的記載事項の３種類です。

ア）絶対的記載事項

絶対的記載事項とは、定款に絶対記載しなければならない事項で、以下の６つを記載します。

・商号：会社の名称です。同じ所在地で既存の他社と同じ商号でなければ、任意の商号をつけることができます。ただし、有名企業や公的機関と誤認させるような類似社名はつけないようにしましょう。使える文字の種類も制限がありますので、確認してつけるようにしましょう。

・目的：会社の事業内容を載せます。ここに記載した以外の事業を行うことができないため、慎重に検討します。

・本店所在地：本店の所在地です。

・設立に際して出資される財産の価額またはその最低額：会社法に最低
　資本金額の定めがないので、いくらでも記載可能です。
・発起人の氏名または名称及び住所
・発行可能株式総数：定款認証時に記載がなくてもよいのですが、設立
　登記までには確定し、定款に載せる必要があります。

イ）相対的記載事項

　相対的記載事項とは、記載がなくても定款自体が無効になることはあ
りませんが、記載がないとその効力は認められない事項です。株式に譲
渡制限を加えたい場合の事項や、現物出資（金銭以外の出資を認める）、
役員の任期の伸長、種類株式（特殊な株式の）発行、会社の機関設計（取
締役会設置など）等があります。

ウ）任意的記載事項

　任意的記載事項とは、ア）、イ）以外の事項です。事業年度の設定、
取締役など役員の人数、株主総会の開催時期や最低出席人数などが、そ
れにあたります。

　定款は自分で作成することもできますが、定款を変更する際には再登
記が必要となり、お金がかかります。株式会社は定款に記載された事業
以外のことは行ってはいけないことになっており、許認可の中には定款
上に特定の記載があることを必要とするものもあります。専門家に相談
しながら、できるだけ長く使えるしっかりしたものをつくったほうがよ
いでしょう。

④　出資金払込み

　出資金を払い込み、払込証明書を入手しますが、発起設立の場合は払い込
んだことがわかる銀行口座の写しでも証明になります。払込みは原則として
金銭により払い込みますが、定款で定めることで現物（物品）出資も可能です。

⑤　設立時取締役設置

設立時取締役を選任します。設立時取締役とは、会社を登記して設立するまでの取締役で、出資金の払込みなど、必要手続きが適切に行われているかどうか、調査します。

⑥　設立登記申請

株式会社設立登記申請書を管轄法務局に提出します。直接窓口、郵送、オンラインで提出することが可能です。

設立登記申請書は、商号、本店所在地、事業の目的などを記載し、登録免許税としての収入印紙を貼付した書類、定款、設立時代表取締役を選定した証明書など、必要な書類等を用意し、提出します。

⑦　各官公署へ届出

「ノウハウ18　会社設立後の各種届出」の項で詳細を記述します。

■ 会社の機関設計

株式会社の組織的な構成要素を機関といい、たとえば以下のような機関があり、会社の規模により追加したり省いたりすることができます。必須となるのは、①株主総会と②取締役（代表取締役）で、その他は企業規模に合わせて追加します。

① 　株主総会　＝株主つまり会社への出資者（＝会社の所有者）が参加して意思決定を行う会議体
② 　取締役（取締役会）＝会社の経営者、その中でも代表権を持つものが「代表取締役」＝会社の経営者代表いわゆる「社長」となります。
③ 　監査役（監査役会）＝会社の経営に関する監督者
④ 　会計参与　＝会社の会計役　など

1人で会社に出資し、自分だけで経営を行うことも可能です（取締役＝株主）。その場合、形式上に機関を分けるだけであり、「1人社長」の会社となります。

ノウハウ **17** 会社をつくる前にしておくべきこと

Question 17

会社をつくる前にしておくべきことはありますか？

Answer 17

いくつかありますが、次の３つが特に検討すべきことになります。
① 事業を行うに際し許認可が必要かどうか確認する
② 開業資金を準備しておく
③ 設立パートナー（株主、取締役）を確保しておく

事業を開始する手続きの中には、時間や手間がかかるものがあります。そのようなものは、開業日・設立日に先立ってあらかじめ準備しておく必要がありますので、注意しましょう。

■ 許認可の確認

皆さんは、ニュースで「無許可で○○の営業をした～」という言葉を時々聞きませんか？　事業には、自由に始められるものもあれば、開業前に許認可が必要となるものもあります。許認可がなく営業した場合、最悪、罰則を受けることになります。

一般には、消費者の安全や消費者保護の必要な業界や、違法行為に利用されやすい事業は、許認可が必要となります。許認可制をとることによって、そこに関わる消費者や従業員、取引先の安全を守っているのです。

〈許認可とは〉

特定の事業を行うに際し、必要な行政機関からの「許可」や、特定の要件を満たしていると認められる「認可」などの総称です。

許認可は、程度や内容により５種類あります。

・届出：事業を開始する旨の書類を、行政機関に届け出ることで事業を開始

することができます。行政機関からの回答を待つ必要はありません。（理美容、クリーニング等）

・登録：必要書類を準備し、行政機関に提出します。提出書類が受理されて行政機関の名簿に登録されると、事業を開始することができます。審査は特になく登録されるため、比較的時間がかからず事業を開始できます。（ガスの販売、肥料の製造、貸金業等）

・認可：必要書類を行政機関に提出し、一定の要件を満たしていると認められると、認可となります。認可は、それがないと営業できないわけではありませんが、認可があると、他よりもよい立場になります。たとえば、補助金がおりるといったことです。登録に比べると時間がかかります。（警備業、保育園等）

・許可：必要書類を行政機関に提出して、審査に合格し、許可なしでの営業が法律で禁止されている事業を実施することを許可されると、事業を開始できます。（喫茶店、ドラッグストア、ホテル、病院等）

・免許：特定の資格を持っている者が行政機関に申請し、許可なしでの営業が法的に禁止されている業務を事業として開始できるようにします。（酒の販売、不動産業等）

許認可が必要な事業と許認可の種類は次の図表のとおりです。

図表 17-1　許認可が必要となる業種

業　　種	許可	認可	届出	登録
理容・美容業			○	
クリーニング業			○	
旅館業	○			
食品関係の営業	○			
毒物・劇物の販売業				○
高圧ガスの販売			○	
LP ガスの販売				○

LP ガスの保安業務		○		
火薬類、花火（煙火）などの販売・使用	○		○	
肥料の製造・販売			○（販売）	○（製造）
廃棄物処理業	○			
貸金業				○
倉庫業				○
建設業	○			
自動車運送業	○			
労働者派遣事業	○		○	
電気工事業				○

出所：J-NET 21（https://j-net21.smrj.go.jp）をもとに筆者作成

（注）　許認可取得の書面、届出機関等詳細については、許認可ごとに異なる場合があります。許認可の要件や手続きについては法律の変更で変わることがありますので、常に担当機関に最新の情報を確認してください。

■ 開業資金の準備

　会社をつくる前には、自己資金を準備します。"先立つもの"というように、会社をつくるにもやはり先にお金が必要です。登記費用など設立前にかかる開業資金は、自己資金から前払いしなければなりません。また、自己資金の有無は融資を受ける際の重要な審査ポイントになります。以下は、ある業種で開業するのにかかる資金額のイメージです。

　開業資金は融資や出資を受けて賄うこともできますが、すべての必要資金を他人から調達できることはまれです。経営者が金銭的リスクを負わずに出資や融資を得ることは難しいため、相応の割合の自己資金を用意したうえで、残りを出資や融資で調達するのが現実的です。

　会社組織の場合は、自らの給与を役員報酬として会社から支払いますが、創業期は売上・利益が上がらず、自分の給与は後回し、または最低限にしなければならないケースがあります。その場合は、役員報酬が支払えるようになるまでの間、自分と家族の生活費も貯めておかなければなりません。

　なお、開業にあたって融資を申し込む場合は、金融機関からは自己資金を

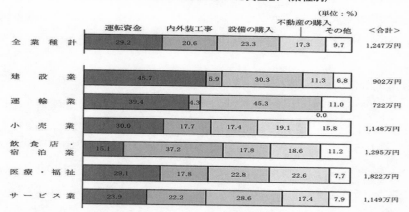

図表 17-2　開業に必要となった資金額（業種別）

（単位：％）

	運転資金	内外装工事	設備の購入	不動産の購入	その他	＜合計＞
全 業 種 計	29.2	20.6	23.3	17.3	9.7	1,247万円
建 設 業	45.7	5.9	30.3	11.3	6.8	902万円
運 輸 業	39.4	4.3	45.3	0.0	11.0	722万円
小 売 業	30.0	17.7	17.4	19.1	15.8	1,148万円
飲 食 店 ・ 宿 泊 業	15.1	37.2	17.8	18.6	11.2	1,295万円
医 療 ・ 福 祉	29.1	17.8	22.8	22.6	7.7	1,822万円
サ ー ビ ス 業	23.9	22.2	28.6	17.4	7.9	1,149万円

出所：日本政策金融公庫総合研究所「2018 年度新規開業実態調査結果から～ 250 万円未満の
少額開業の実態～開業費用の内訳（主要業種別構成比）②非少額開業」2019 年 3 月

どのように貯めたのかという経過までもチェックされます。

　金融機関が融資をする際には、基本的に自己資金の準備額に応じた融資額
を決定します。開業資金を第三者の融資に頼る場合であっても、元手となる
自己資金額の確保は、非常に重要ということです。

　自己資金以外での資金調達の具体的な方法は、「ノウハウ 21　起業のため
の資金調達方法」の項で解説します。

■ 設立パートナー（株主、取締役）の確保

　事業を立ち上げるには、資金面、運営面、営業面などで、いろいろな問題・
課題をクリアする必要がありますが、代表者 1 人ですべてを解決するのは困
難であり、多くの場合、親密に協力してくれる設立パートナーの存在が必要
になるでしょう。仮に会社設立は 1 人でできたとしても、協力者なしではそ
の後の事業展開もままならないでしょう。

　事業パートナーにはいろいろなパターンがありますが、資金や設備を提供
してくれる場合は「出資者（株主）」に、経営に参画し片腕となってくれる

場合は「取締役」や「従業員」になってもらいます。資金力のある人や、ビジネス実績や人脈のある人が株主や役員になってくれると、会社の信用も大きく上がります。

■ 共同経営について

「ノウハウ11　起業と仲間づくり」の項でも述べましたが、志を同じくした仲間同士、共同で起業して経営するのはとても楽しいものです。各々の能力を持ち寄って、1人で経営していてはできなかったような事業のアイデアや、それぞれの得意分野を生かすことで、その相乗効果でよりよい経営を行うことができます。また、苦楽をともにする仲間がいることで、1人では乗り越えられない困難も超えられるでしょう。

ただし、当初うまくやっていた共同経営者とも、時間が経過するとともに考え方が食い違ってくることが多いのも事実です。このような場合、意見が対立してから出資比率を変えたり役職を変わってもらうことは、とても難しくなります。

したがって、当初の段階から、重要な意思決定に対する主従関係がはっきりするように、出資比率や役割を決めておくことは重要です。2人で経営権を持つ場合は主となるほうが過半数の株を所有する、3人で経営する場合は、従となる2人の株数を合計しても主となる1人より少なくなるようにするなど、意思決定の最終権限が明確になるよう、出資比率を定めておくことが重要です。

ノウハウ 18　会社設立後の各種届出

Question 18

会社をつくった後にすべきことは何ですか？

Answer 18

法律で定められた各種届出を行います。

① 税金に関しては、税務署、および都道府県市区町村に届け出ます。

② 設立後に許認可を得る場合は、担当の役所に許認可の申請をします。

③ 社会保険に関しては年金事務所に届け出ます。

④ 従業員を雇う場合は、労働保険に関して労働基準監督署・ハローワークに届け出ます。

　さて、さまざまな書面の提出をクリアし、ようやく会社設立となりました。しかし新人社長の皆さんは、ホッとしたのもつかの間、各種の届出はもう少し続きます。

　今度は税金や社会保険について、各監督官庁に届け出なければならないのです。

　税金に関わるもの以外は、特定の要件に当てはまる場合のみに必要となるものもあります。忘れると罰則や課徴金のあるものもありますので、官公署に確認したり専門家のアドバイスを受けるなどして、忘れずに片づけておきましょう。

① 税金（国税）に関する届出

・法人設立届出書

　会社を設立したことを税務署に届け出ます。

　設立から2ヵ月以内に必ず届け出なければなりません。その際、定款のコピー、株主名簿、設立時の貸借対照表（書式自由）を添付します。

・給与支払事務所等の開設届出書

　役員や従業員に給与を支払うために必要な届出です。社長も役員ですか

ら、従業員がいなくても届け出る必要があります。会社設立から1ヵ月以内に届け出なければなりません。

・青色申告の承認請求

　　法人税の申告を青色で行うための届出です。届出をしなかった場合は、白色申告となります。提出期限は会社設立後3ヵ月以内、または、最初の事業年度末日の、どちらか早いほうです。

・消費税関係の届出書

　　資本金の額または出資金の額が1,000万円以上の場合、消費税の新設法人に該当する旨の届出書提出が必要になります（法人設立届出書に消費税の新設法人に該当する旨を記載した場合は提出不要）。

・その他

　　源泉所得税の納期の特例、減価償却資産の償却方法の指定、棚卸資産の評価方法の指定などを行いたい場合は、それらを届け出ます（任意）。

② 税金（地方税）に関する届出

・法人設立届出書

　　住民税や事業税など地方税に関する届出です。各都道府県や市町村ごとに提出フォーマットや期限の規定があります。提出期限はおおよそ1ヵ月以内ですが、東京23区内は15日以内と短いので注意が必要です。

③ 社会保険に関する届出

・健康保険・厚生年金保険　新規適用届

　　会社を設立すると、社会保険の加入は義務となりますが、その社会保険に加入するために必要な届出です。会社設立から5日以内に、事業所の所在地を管轄する年金事務所へ届け出ます。

・健康保険・厚生年金保険　被保険者資格取得届

　　社会保険の加入要件を満たす従業員を採用した場合に必要となる届出です。該当する従業員の入社日や、勤務体系の変更日等から5日以内に届け出る必要があります。

・健康保険　被扶養者（異動）届

　　被扶養者に異動があった場合の届出です。被扶養者に追加や削除、氏名変更があった場合に、その発生日から5日以内に届け出る必要があります。
・その他
　　労災保険や雇用保険の対象となる従業員を雇う場合は、労働基準監督署やハローワークに届け出ます。社会保険関係の届出要件は複雑なため、人を雇うときは、専門家に相談しながら進めてください。

【ケーススタディ】

　　大手SI（システム・インテグレーター）企業に勤めるDさんは、かねてより客先常駐のエンジニアが、その仕事の大変さに比べて待遇がよくないと感じており、「エンジニアがのびのびと働ける会社をつくりたい」と考え、独立して友人と一緒に会社をつくることにしました。そこで、元の勤務先には、半年以上前から退職の相談をし、上司の理解も得て円満退社することで、独立後も元勤務先の外注先として、一定の仕事を受注しています。創業直後の新規顧客の開拓には時間がかかるため収入の安定に役立っており、元勤務先からも、人となりを理解してくれており信頼のできる取引先として重宝されているそうです。

　　この例のように、業種によっては、元の勤務先と信頼できるビジネスパートナーとしての関係を続けることができるため、独立退社にあたっては円満退職できる道を検討するべきです。

Question 19

起業時に割安で使えて便利なオフィスはありますか？

Answer 19

創業支援施設、認定支援施設、インキュベーション施設などの公的な施設、あるいはシェアオフィスなど民間で格安に借りることのできるオフィスがあります。

起業にあたって、決めなければならないことの1つに、事業の本拠地、仕事場をどこにするかということがあります。

個人事業であれば自宅がそのまま事業の実施場所になりますが、必要設備のある場所に事務所や作業場を借りたほうがよいこともあります。

株式会社など法人を設立する場合は、その法人の本拠地（本店の住所）を決めて、登記しなければなりません。基本的に登記住所の法規制や行政ルールを受けることになるため、十分考慮して決めましょう。事業内容によっては、場所による許認可の制限があったり、公的支援制度の内容が異なることもあります。利便性だけで決めると、あとで住所を変更しなければならなくなるかもしれません。

なお、登記はどこでもできるわけではありません。自宅や自己所有の建物ならよいのですが、賃貸だと大家さんの許可が必要です。住宅地のマンションなどは登記できない場合があります。

〈創業時やスモールビジネスによく利用されるオフィス〉

① レンタルオフィス

執務用のデスク環境が整っている事務所をレンタルする形態。

机や椅子など購入の必要がなく、事務所開設に関する初期費用を抑えることができます。

② 　シェアオフィス

　　執務用のデスク環境が整った事務所空間をフリーアドレス（＝席が決まっていない）で使用できる形態です。レンタルオフィスと似ていますが、機能が共有となりますので、セキュリティ面については特に注意が必要です。

③ 　バーチャルオフィス

　　実際の事務所を借りずに、住所や電話番号、FAX 番号などや郵便の受け取り等の機能をレンタルする形態。一般的に、その住所での登記はできなかったり、融資の審査に通りづらいことがあるため、創業の本拠地としてはお勧めしません。

④ 　コワーキングスペース

　　入居者の交流を重視した施設で、広いアドレスフリースペースを持つのが特徴です。民間のものと公的なものがあります。創業に特化したものも増えており、創業者同士の交流から生まれる新しい発想に期待した交流会や、さまざまな創業に役立つセミナーを行ったり、技術、販売方法や財・税務、法律関係など、広く情報提供や創業相談を行っているところもあります。

■ オフィス選びのポイント

　実際のオフィスの場所選びについては、以下のような点を考慮するとよいでしょう。各設備やサービスが有料か無料かもチェックします。

・登記できるか
・電話の取次や FAX はあるか
・郵便受け取り等、秘書的な役割はあるか
・個室か大部屋か
・会議室はあるか、使えるか
・インキュベーションマネジャー（相談役）はいるか
・交流会やセミナーの有無

・設備の利用（コピー、FAX、プリンター、Wifi、キッチンなど厨房設備、
　　工作機械、シャワー室など）

　なかには、女性起業家のために、子育て支援などユニークな特徴を打ち出
しているところもあります。

　最近は公的機関・民間を問わず、いろいろな組織が起業・創業を支援して
いますので、創業ステージや目的に合わせてうまく活用するとよいでしょ
う。特に、シェアオフィスやコワーキングスペースは増えていますので、そ
ういった場で得られる横のつながりを大いに利用しながら、同じ苦労をわか
りあえる仲間をつくり、切磋琢磨してよりよい事業を作り上げていくとよい
でしょう。

■ 創業支援施設

　創業支援施設にはいろいろなものがあり、さまざまな団体が運営していま
す。その運営主体も、都道府県・市町村などの公的機関や、民間の金融機関・
不動産会社など、さまざまです。多くの場合、公的機関の創業支援窓口が併
設されており、入居者が必要な支援を手軽に得られるようになっています。

　特に技術型の起業を支援し、大学、研究機関と連携し限定的な期間で基礎
技術の事業化を目指すものは、インキュベーション施設と呼ばれることがあ
ります。

　東京都を例として挙げると、東京都産業労働局では、創業支援の一環とし
て東京都認定の創業支援施設を紹介しています。施設によって、登記の住所、
創業からの経過年数、事業内容、資本要件、などの入居要件がありますので、
随時確認・相談しましょう。

　なお、起業時の売上や利益が上がっていない時期から、立地や設備にこだ
わり過ぎて家賃の高い場所で創業するのはお勧めできません。特に1人で起
業する場合は、立派なオフィスを借りても外回りばかりで使わなくなってし
まうケースが多く見られます。

東京にある創業支援施設の例

・アジアスタートアップオフィス MONO（東京都江東区）

　お台場のテレコムセンター内14階にある、ものづくり特化型のコワーキングスペースです。工作室には 3D プリンターやレーザーカッターなど、試作品の開発環境が整っています。

　法人登記が可能な個別ブースから、フリースペース、イベントスペース、会議室、コピー機、シャワー室や仮眠室も完備しています。

　アジア各国のスタートアップオフィスと事業提携しており、海外へのネットワークがあります。

　HP：https://mono.jpn.com/

・KOCA（東京都大田区）

　京浜急行「梅屋敷」駅から徒歩1分、高架下を活用したコワーキング、工房、インキュベーションとしてのスペースです。特にクリエイティブ業界に特化しており、さまざまなクリエイターたちの化学反応の場となっています。

　登記のできる個室、フリーアドレスのスペース、3D プリンターやカッティングマシンなどものづくりの設備や、キッチンもあります。

　HP：https://koca.jp/

　創業時の財政的な負担で、定期支出として出てゆき、額も大きいのが家賃です。立派なオフィスを構えるのは売上と利益が確保できてからにすべきで、特に許認可上必要であったり、作業場が必要であるなどの事情がなければ、まずは自宅で事業を立ち上げるものよいでしょう。その後売上が上がってきてから事業展開上最適な場所（顧客に近い、取引先に近いなど）を選んでも遅くありません。

Question 20

起業にあたって知っておくべき法律や制度については、どのように調べるのがよいでしょうか？

Answer 20

書籍やWebで下調べしたうえで、まずは公的機関の相談窓口などを利用しましょう。個別の細かい内容については、その分野の専門家に相談するのがよいでしょう。

　起業しようとすると、それまで意識していなかった、いろいろな制度や法律を知らなければならなくなります。税金、労務、許認可、法規制など、経営者や法人に遵守義務があり、守らないと罰則があるものが数多くあります。民間同士のやり取りでも、契約、特許など、知らないとトラブルに巻き込まれるものもあります。それ以外に、助成金・補助金や各種支援制度など、権利として行使できる、知らないと損をするものもあります。

　これらの法規制や権利は、特定のケースにしか当てはまらないものも多く、自らの事業の具体的ケースでどのように当てはまるのかを把握するのは困難です。法規制などのルールも随時変わっていくものなので、その時に合った最新のルールに従わなければならず、実際の細かな手続きも複雑だったりします。

　こうした守るべきルールや利用すると得な支援制度などは、公的な相談窓口や専門家への相談をうまく利用しましょう。まずは、公的機関の無料相談窓口や経営者向けセミナーなどで概要をつかむとよいでしょう。

　その中でさらに自社に当てはまりそうなものについては、個別具体的ケースとして専門家に相談して判断を仰ぐのが無難です。

　相談内容から専門家がわかっている場合はその専門家に相談しましょう。専門家がわからない場合や、起業に関する一般的な相談であれば、まずは"企

業の総合内科"と呼ばれることもある、中小企業診断士に相談するのがよいと思われます。

■ 公共機関の相談窓口

①　中小企業基盤整備機構　（https://www.smrj.go.jp）

地域の自治体や支援機関等、さまざまな機関と連携を取りながら中小企業を支援する、国の中小企業政策の中核を担う実施機関です。

中小企業の成長ステージに合わせた具体的な支援を行っています。

たとえば、

・起業・創業期：インキュベーション施設や各種連携、創業支援

・成長期：販路開拓やオンラインでのマッチング、海外展開

・成熟期：事業承継や事業再生、中心市街地活性化、設備投資

について経営相談や専門家派遣、人材育成、情報提供、資金提供の支援を行っています。同機構が運営する中小企業向けのポータルサイト「J-Net21」の「起業・創業に役立つ情報」コーナーには、300以上の業種・職種についての「業種別開業ガイド」がありますので、事業計画作成の参考にするとよいでしょう。

J-Net21「起業・創業に役立つ情報」サイト：

https://j-net21.smrj.go.jp/startup/

各地域の支部ではアドバイザーによる個別の経営相談（電話、オンライン、面談）を行っており、起業・創業に関するアドバイスを受けることもできます。

・がんばる中小企業「経営相談ホットライン」（全国）　TEL：050-3171-8814

・経営相談について（各地域）：

https://www.smrj.go.jp/sme/consulting/tel/index.html

②　商工会・商工会議所

どちらも中小企業支援を行っていますが、商工会は町や村で小規模事業を主な対象に、経営改善普及を行っています。一方、商工会議所は、市で中小規模の起業支援を行うほか、商取引に関する国際規模での紛争解決まで行っ

ています。商工会議所のほうが比較的幅広い活動を行っている団体となります。全国で 1,500 か所程度の商工会・商工会議所がありますので、最寄りの場所に相談に行くとよいでしょう。商工会・商工会議所は有料の会員制ですが、多くの無料相談を行っています。

③ 都道府県の設置する中小企業支援機関

多くの都道府県では、地域での起業を支援する窓口を設けています。東京都の場合、東京都中小企業振興公社が「TOKYO 創業ステーション」を設置しており、創業・起業するための手続き、創業時に使える公的融資制度など、さまざまな創業・起業時の課題を相談できます。

創業に必要な知識を体系的に学ぶ「創業・起業セミナー」や「創業ゼミナール」「創業塾」、創業者同士の「創業者交流会」を開催し、創業準備を応援しています。

TOKYO 創業ステーション：https://startup-station.jp/

④ ミラサポ・ミラサポ plus

（https://www.mirasapo.jp/，https://mirasapo-plus.go.jp/）

中小企業庁の委託により運営されているインターネット上のサービス。中小企業・小規模事業者とその支援を行う支援機関や専門家を支援しています。

会員登録なしでも利用できますが、登録すると、コミュニティでの交流やビジネスツールの利用、専門家派遣、補助金申し込み、さらに詳細なビジネス情報の入手が可能になるなど、特典があります。

⑤ よろず支援拠点

国が都道府県ごとに設置した中小企業・小規模事業者向けの支援拠点です。さまざまな分野の専門家が在籍しており、中小企業の経営上の悩みに具体的に対応しています。

※上記は 2019 年末現在の情報です。変更されることもありますので、実際に相談する場合は随時、最新の情報をお調べください。

ノウハウ21　起業のための資金調達方法

Question 21

> 起業のための開業資金を準備するには、どのような方法がありますか？

Answer 21

> 開業資金の準備の方法は、自己資金を基本として、第三者からの出資を受けたり、金融機関からの融資を受けて確保します。条件を満たせば、公的機関からの支援として、公的融資、補助金・助成金を活用し、自己負担を軽減することも可能です。

　起業の際に開業資金としてお金が必要になることは、自己資金の項目でも述べました。さらに開業した後も、すぐに予定どおりの売上・利益が上がるわけではないため、しばらくの間は手持ちの資金が減っていく状況が続きます。経営者の頭と胃が痛くなる時期です。まずは単月黒字化を目指して売上を拡大し、単月で儲けが残るようになったら、開業以来の累積赤字の解消に向けて、さらに売上を伸ばします。

　しかし、その間にも事業が順調に進めば、事業拡大のチャンスを逃さないための追加投資の資金が必要になります。逆に、事業が順調にいかなければ、追加の運転資金を確保しなければならないでしょう。そこで、第三者からの出資を得るか、銀行などの金融機関から必要資金の融資を受けて、手元の資金を厚くしておきます。

　近年は国や自治体の政策として、公的な金融支援や補助金・助成金などもいろいろなものが用意されているため、タイミングよくそれらを活用することで、自己負担を減らすことができます。

　主な資金調達の方法は、以下のようになります。

① 自己資金

前述の自分で貯めたお金です（「ノウハウ17　会社をつくる前にしておくべきこと」参照）。

② 出資

　投資家などの第三者から、出資を受けます。受け取った出資金は資本金に組み入れられ、返済義務のない事業資金として活用できます。出資者には対価として株式を交付して株主になってもらいます。

　出資者としては、役員およびその家族で起業するケースが多いですが、事業パートナーの会社などの法人に出資してもらう場合もあります。ハイリスク・ハイリターンのビジネスの場合は、ベンチャーキャピタル（VC）などに出資を仰ぐこともあります。VCの場合は多額の資金を提供してくれる反面、比較的短期間で成果を出すことが求められるため、注意が必要です。

③ 借入（融資）

　金融機関などから、開業資金を借り入れます。借りたお金は、利子をつけて返済します。返済条件（返済期間、分割払い回数、利率、元金返済開始までの期間（据置期間）など）は、借り入れる際に個別に交渉決定します。

　お金を借りる先は、通常は銀行など金融機関ですが、知人から借りたり、パートナー企業から借りることも普通に行われます。また、株式会社など法人の場合、代表者をはじめとした役員が一時的なお金を自らの会社に融資することも、よく行われます。

　借入の注意点は、当たり前ですが、「決められた期間内に返済しなければならない」という点です。通常は設備投資や家賃、給与などで、借りたお金を先に使ってしまうことになりますので、製品やサービスの価格設定にあたっては、融資返済に十分な利益が得られる価格で設定しなければなりません。製品の販売によって返済の原資を稼いで、借入を返済するということです。

　金融機関には、都市銀行、地方銀行、信用金庫、公的金融機関などがありますが、ベンチャー企業で最初から大がかりな投資を行う場合以外は、小規模ビジネスを相手に少額の融資にも対応する地域金融機関、または公的機関である日本政策金融公庫に融資の相談をするのが一般的です。それらの金融機関は創業者向け融資メニューを用意していますので、それらを活用するの

がよいでしょう。地域金融機関とは、地銀、信金、信用組合などのことで、地域密着で中小企業や小規模事業者向けに融資を行っています。地域金融機関は支店の営業エリアが決まっていますので、お近くの支店の融資相談窓口に相談に行きましょう。

④　補助金・助成金

国や地方公共団体、公的機関などが、ある政策目標を達成するために、その政策に沿った企業や事業者に、資金提供するものです。通常、返済は不要です。応募要件があり、それを満たす企業でないと申請できませんし、内容審査を通らないと受けられないのですが、利用できる場合はチャレンジしてみるとよいでしょう。

多くの場合、使ったお金を後払いで補助する形式のため、自己負担軽減には役立ちますが、資金不足の補填にはなりません。資金調達手段としては補助的なものになります。

⑤　その他

公的機関や大企業が行う、ビジネスプランコンテストもあり、コンテストに勝ち抜けば、返済不要の資金を提供してくれます。ただしオープンなコンテストでは、アイデアを盗用される可能性が出てきますので、注意が必要です。

また、前述のクラウドファンディング（「ノウハウ7　起業のトレンド」参照）は、前払いのお金を集められるのが特徴であり、創業時のワンショットでの資金調達手段として、かなり利用されるようになってきています。

■ お金を借りるのと、出資を受けるのは、どちらがよい？

借金は返済しないといけないので、出資のほうがよいのでは、と考えるかもしれませんが、そうともいえません。

出資を受ける（株式会社であれば株式を提供する）ということは、経営権の一部を出資者に渡すことに他なりません。経営者と出資者の間で経営に対する方向性が異なってきたときに、経営方針が分裂し、株主総会での重要な

意思決定が滞り、会社が機能不全を起こしてしまいます。株式の過半数を出資者が獲得しているような場合は、創業者といえども解任される場合があります。

　株主と良好な関係にあったとしても、常に大株主への説明責任が求められますし、株主の利害関係のためにビジネス戦略が制約を受けることもよくあります。そのようなリスクを理解したうえで、出資を受けるかどうか、また、出資してもらう額をどれくらいにするかを慎重に決めましょう。

■ お金は借りないほうがいい？

　創業者からよくある質問として「お金はできるだけ借りないほうがいいんですよね？」と聞かれることがあります。これに関しては、「借りられるときには借りたほうがよい。ただし無駄遣いは禁物です」と答えています。

　銀行は、お金を貸すことで一定の利子を得ていますので、リスクをとるインセンティブが薄く、安全な融資先にたくさんお金を貸して、リスクの高い融資先にはあまり貸したがりません。

　反対に、会社がお金を借りたいときは、お金が足りなくなったとき、つまり貸し出すリスクが高いときが多いといえます。そのようなときに銀行が貸出しを渋るのは当然ともいえます（銀行は「晴れの日に傘を貸して雨の日に傘を取り上げる」といわれるゆえんです）。

　したがって、資金的に余裕があるときに、あえて借りておくのがよいということになります。たとえば、高額な設備投資を行うときは、あえて自己資金は使わずにとっておいて、設備資金の融資を受けて導入すればよいわけです。もちろん利子は発生しますが、現在の低金利時代、1％や2％の年利で安心が買えるのですから、安いのではないでしょうか。

ノウハウ22　起業に向けて資金面から公的支援を受ける

Question 22

　資金面で、起業を支援してくれる制度があると聞いたのですが、どのようなものがありますか？

Answer 22

　公的融資、補助金・助成金などがあります。その支援する目的により種類がいくつかあり、利用するための条件もさまざまです。うまく使えるものを活用しましょう。

　起業に関する公的機関からの資金面での支援としては、（1）融資、（2）補助金・助成金があります。国では、中小企業を新しいビジネスを生み出す経済の活力の源と考えており、社会の高齢化に伴い、社長の高齢化で廃業する企業が増えていることから、起業・創業を積極的に支援しています。

　何かとお金が必要になる創業時ですから、利用できる支援制度は積極的に活用するとよいでしょう。

（1）創業時に融資を相談すべき金融機関や公的機関

①　日本政策金融公庫による創業融資

　日本政策金融公庫は、財務省所管の政府系金融機関です。民間金融機関では対応しきれない融資のニーズや、政策に沿った産業・経済活性化のための融資などを行っています。特に創業者向けには「無担保・無保証」の融資制度があり、創業者・起業者にとっては最も身近な金融機関です。

　融資限度額は3,000万円（うち運転資金1,500万円）で、新たに事業を始める方、または事業開始後税務申告を2期終えていない方が対象です。申込みにあたっての要件がいくつかありますので、日本政策金融公庫のホームページで確認しておきましょう（https://www.jfc.go.jp）。

② 地方公共団体などが支援する制度融資

　都道府県や市区町村が地域金融機関と連携して提供する融資あっせん制度です。都道府県・市区町村が窓口となり、地域金融機関を紹介してくれます。一般的にそれらの地方公共団体が利子や保証料を補給してくれるため、有利な条件で融資を受けることができます。自治体により支援内容や条件が異なりますので、起業する地域の市区町村のホームページなどで内容を確認しましょう。

③ 信用保証協会

　銀行ではありませんが、保証料を支払うことで、保証人になってくれる公的機関です。金融機関に対しては、万一貸し倒れが発生した場合に、借り手に代わって金融機関に代位弁済します。連帯保証人がいない場合、金融機関から利用を薦められます。②の制度融資や、初めて地域金融機関の融資を受ける際には通常信用保証協会の保証に加入しますので、担保もなく信用力が低い創業者や中小企業にとって身近な存在です。各都道府県に設置されています。法人が加入する場合は、原則として、信用保証協会に対して、経営者の連帯保証が必要になります。

④ 女性・若者・シニア創業サポート事業（東京都のみ）

　東京都が地域金融機関と連携して行っている、創業支援の融資プログラムです。東京都内で起業する場合には活用を検討するとよいでしょう。通常よりも有利な条件で信用金庫から融資を受けたり、専門家が各種の融資相談に乗ってくれながら事業計画作成の支援を受けたりすることができます。詳細は以下のホームページで確認してください。

　https://cb-s.net/tokyosupport/

(2) 補助金・助成金

　各省庁が、国の政策目標達成のために資金的な優遇措置（補助金・助成金）を提供しています。創業者が利用しやすいのは、経済産業省が実施する中小企業向けの補助金、厚生労働省が実施する雇用保険加入者向けの助成金、文

部科学省が実施する研究開発向けの補助金などがあります。補助金・助成金の活用の注意点は以下のとおりです。

①　利用目的が限定されている

補助金・助成金は国の施策に合った用途にしか使えません。たとえば、特定の目的に使われる場合の機械、設備、広告費や、特定の業務に携わる人件費などです。雇用保険関係の助成金は、雇用促進や雇用環境整備、人材活用など、雇用に関する取組みを行う事業に支給されます。

②　応募要件と審査がある

どの補助金・助成金にも応募要件がありますので、まずは各官庁のホームページなどで、応募要件に合致するか確認しましょう。業種要件、規模（従業員・資本金）、地域要件、事業テーマ要件などがあります。

また、応募件数や総予算額が決まっているため、人気のある補助金は早めに申し込んだり、高い倍率を勝ち抜かないと獲得できません。

③　応募期間がある

多くの補助金・助成金は年に1〜数回の応募期間の間にしか応募できません。募集期間は短期間であることが多いため、J-Net21やミラサポ、東京都中小企業振興公社などのホームページを定期的にチェックし、早期に募集開始を把握するとよいでしょう。補助金・助成金の多くは新年度の開始前後（2月〜6月）に公募時期や概要が発表されます。

④　補助率はいろいろで、後払いのものが多い

資金調達の項で述べましたが、補助金・助成金は、精算時後払いなので、手元資金不足の場合は利用できません。補助額・補助率も、定額で10万円といったものから、経費の2/3補助で上限1,000万円など、補助金によりいろいろです。

■ 創業時に活用される補助金・助成金（2020年4月時点）

①　東京都中小企業振興公社による創業助成事業（東京都のみ）

https://startup-station.jp/m2/services/sogyokassei/

東京都の産業活性化を目標として、都内で創業予定の個人や、創業間もない中小企業者などに、賃借料、広告費、従業員人件費など創業初期に必要となる経費の一部を助成しています。助成限度額は 300 万円で助成率は 2/3 以内です。申し込みにあたっての要件がいくつかありますので、中小企業振興公社のホームページで確認しましょう。

② **小規模事業者持続化補助金**

  商工会議所エリア https://h30.jizokukahojokin.info/

  商工会エリア https://www.smrj.go.jp/org/info/solicitation/2019/pjacom0000003me8.html

小規模事業者の持続的な事業発展の支援を目的としており、商工会・商工会議所が経営計画作成から小規模事業者を支援して、それに基づいた販路開拓等費用の一部を補助します（原則 50 万円を上限に対象経費の 2/3 の補助、2019 年度時点）。

補助金の上限や補助率、対象経費は、補助の内容によって異なりますので、ホームページなどで随時確認しましょう。

他にも多くの補助金・助成金があり、女性や若者の創業支援に特化した助成金「若手・女性リーダー応援プログラム助成事業」や、「ICT（あいして）徳島大賞」など（これは賞金の要素も強いのですが）、各地方自治体のユニークな補助金もあります。また、額は大きくありませんが、財団や金融機関など民間団体主催のものもありますので、自社の状況に合った補助金・助成金を検討してください。

ノウハウ23 融資の活用法を理解する

Question 23

　どんなときに融資を受けるのがよいですか？　また、融資を受けるコツはありますか？

Answer 23

　融資を受けることで、事業展開を加速することができます。創業期には事業のビジネスモデルが固まった時点で、拡大期には増産・拡販の資金として、うまく活用しましょう。

(1) 融資を受けるタイミング

　融資を受けたお金は、当然ですが返済しなければなりません。したがって融資を受けるタイミングは、①事業拡大のチャンスで、競合他社に対抗したり販売機会をロスしないよう、事業を急いで拡大したいとき、②借りたお金を確実に返済できるとき、になります。

　創業期においては、ビジネスモデルが固まった時点です。わかりやすく言い換えると「商談や売り方の勝ちパターンが見つかった」時点、といってもいいでしょう。創業当初は、ビジネスアイデアがうまくいかなかったり、事業計画どおりに進まなかったりするのが普通であり、事業方針、製品戦略や販売戦略の方向修正が発生します。その段階ではリスクが高いため、融資を受けるのには向きません。

　逆に、「勝ちパターンが見つかった」場合には、うかうかしていると流行が逃げてしまったり、競合企業がマネしてくるかもしれません。そのような場合は、自己資金が貯まるのを待っていられない、つまり「お金を借りて時間を買う」ことで、事業展開を加速させるのが良い戦略です。そのような場合には積極的に融資を活用しましょう。

(2) 融資を受けるコツ

　創業者から、よく「どれくらいなら借りられそうですか？」と聞かれることがあります。融資の申込書に記入する希望借入額をいくらにするか迷っているため、ご質問されるわけです。

　ここでは、担保を差し入れたり、資金力のある人が連帯保証についてくれない場合の、無担保無保証での融資の場合を想定します。

　希望借入額は、まず①その事業計画で必要最低限の金額より多いこと、②自らの能力で返済可能な範囲であること、の2点を考えて決定します。

　①については、事業については最低投資額があります。たとえばお店を開くのに、家賃と光熱費と最低限の改装費用や商品の仕入代金がないと、開店できません。中途半端に必要資金の1/2程度のお金があっても意味がありませんので、銀行にとっては融資する意味がないということになります。

　②については、もちろん返済能力、つまり「稼げる力」です。たとえば、店長経験者が同じ業種で独立開店するような場合は、同じだけの儲けを上げられる可能性が高いので、独立前と同様な店を開店するのに必要な額の融資を受けられるでしょう。

　いずれにしても、金融機関から見ると、物的担保がなく、連帯保証人がいない、という状態で融資することは、経営者の素質そのものしか担保になるものがないわけです。そのため、創業者の「お金を稼ぐ力」をドライに審査されることになります。自らの稼ぐ力を客観的に値踏みできて、妥当な事業計画と返済可能な必要十分の申込額を書いてくるかどうかも、経営者の経営能力の審査の1つなわけです。

　このようなことから、融資の審査を受けるにあたっては、以下のような点に留意するとよいでしょう。

・その事業での経験や実績などが重視されるので、事業計画書や面接でアピールするとよい。

・企業相手のビジネスの場合は、受注実績の証明として、注文書や契約書のコピーを準備するとよい。

　なお、銀行側が融資したがっているようであれば、余裕資金を見込んで申し込むのもよいでしょう。

■ 設備資金と運転資金

　融資の申込みをするときには、必ず「設備資金」と「運転資金」を区別して記入するようになっています。

・設備資金

　設備資金とは、事業を行ううえで必要となる設備を購入するための資金のことです。使用すると固定資産に姿を変え、会社や個人の財産（資産）となります。具体的には、機械設備、備品、店舗や事務所の内装工事費、ソフトウェア購入費などがあります。会計的には、減価償却の対象となるものが、設備資金の対象となるイメージです。

・運転資金

　運転資金とは、会社が事業を続けていくために必要な資金のことです。日々の経費として消費される資金であり、設備資金以外は基本的に運転資金になります。

　具体的には、家賃（敷金礼金を含む）、仕入費用、人件費（開店準備、教育なども含む）、材料費、人件費、外注費、水道光熱費、通信費、販売費、販促費、旅費交通費などがあります。

　開業時点での運転資金の目安は、商品を販売してから代金が完全に回収できる期間をみて、該当する項目で必要となる金額の最低1～2ヵ月分は必要です。資金回収が遅いビジネスや、売上が伸びるのに時間がかかるビジネスであれば、3～6ヵ月分はないと不安です。

　設備資金と運転資金では、融資の条件が異なることが多く、一般的に設備資金のほうが融資額が大きく、返済期間も長めで、利率も安く、よい条件になっています。

　これは、設備資金は将来儲け（キャッシュ）を生み出す投資であり、会社

の財産として残るものと見られますが、運転資金は日々の営業経費で短期的に消費されるものと見られるためです。

　なお、設備資金を借り入れる際は、購入するものの見積りを取ってから借ります。返済期間は通常、その購入物の耐用年数（償却期間）に合わせます。

図表 23-1　創業に必要となる資金額のイメージ

店舗（パート 1 名雇用）

	カフェ	雑貨店 洋品店	ネイル サロン
家賃	10 〜 30 万/月 保証金 6 〜 10 カ月	10 〜 30 万/月 保証金 6 〜 10 カ月	10 〜 30 万/月 保証金 6 〜 10 カ月
内装工事	100 万〜 300 万	50 万〜 200 万	30 万〜 50 万
設備	200 万〜 600 万	30 万〜 100 万	20 万
初期人件費	10 万/人月 半年 60 万円	10 万/人月 半年 60 万円	
初期仕入・ 雑費	40 万	300 万〜 500 万	20 万〜 40 万
初期広告宣 伝・雑費	50 万〜 100 万	50 万〜 100 万	50 万〜 100 万
計	600 万〜 1,400 万円	600 万〜 1,300 万円	250 万〜 600 万円

無店舗（個人）

	WEB ショップ
通信費 ネット費用	5 万〜 10 万/月
設備	20 万〜 40 万
初期仕入・ 雑費	50 万〜 200 万
初期広告宣 伝・雑費	30 万〜 100 万
計	100 万〜 400 万円

■ レバレッジとは？

　財務用語で「レバレッジを効かせる」という言葉が使われることがあります。レバレッジというのは、もともと「梃子（てこ）を利用すること」を意味します（語源はレバー＝梃子）。経営の場では、外部からの借入を梃子にして、自社の本来の実力（自己資金）の何倍もの投資を行って事業を広げることをいいます。

　なお、指標として使われる「財務レバレッジ」は、借入（負債）を活用して自社の資産を厚くしているかを表す指数で、総資産÷自己資本で表されます。

　たとえば自己資金に頼っていると、1年に1店舗しか出店できないチェーン店の創業者が、自己資金の3倍の融資を得てレバレッジを効かせて1年に5店舗出店できれば、売上が5倍、利益も数倍となり、少ない資金で多くの儲けを得たということで、優れた経営判断を行ったという評価がなされます。

　ただし、出店した5店舗が赤字になってしまったりしたら、借りたお金で儲けどころか損失を増やした（マイナスのレバレッジを効かせた）ということになります。レバレッジを効かせるということは、ハイリスク・ハイリターンの戦略をとるということです。経営者には好機をとらえてリスクを取る能力も求められるということです。

■ 資金調達先としての、銀行と投資家の違い

　銀行は、リスクを取ってもリターンが増えないため、全く新しいビジネスモデルやベンチャー色の強いビジネスには、一般的には融資したがりません。

　そういったビジネスで創業する場合は、資金調達は投資家からの出資によるものが中心になるでしょう。たとえば、VC（ベンチャーキャピタル）は、何百社にも投資するなかで数社の大成功で投資を回収するモデルなので、全く新しいアイデアでの創業の資金調達には向いています。ただし、金融機関の融資以上に厳しい審査と投資後の管理監督があります。

　また企業（事業会社）は、自社事業に相乗効果が得られる場合に、積極的に投資をしてくれる可能性があります。

ノウハウ **24** 起業で必要となる契約の知識

Question 24

　知人から、トラブルを避けるには契約をきちんと結ぶようにしたほうがいい、と言われました。契約にはどんな種類のものをどんなときに結ぶのがよいですか？

Answer 24

　起業・創業時から必要となる契約には、たとえば、販売契約、委託契約、請負契約など取引に直接関係する契約や、守秘義務契約など取引の関係者を保護する契約があります。

　「契約」というと、ちょっと難しく専門家に任せるべき分野のように感じるかもしれません。個人としては契約を結ぶ場面は限られており、構えて取り組む印象があります。しかし、ビジネスの世界では契約を結ぶのは日常茶飯事です。2つ以上の会社や事業者が一緒に仕事を始めるときは、小さい仕事であってもまず契約を結びます。

　契約にあたっては、「契約自由の原則」というのがあり、個人同士・法人同士が結ぶ契約の内容に、特に制限はありません（もちろん法律や公序良俗に反する部分は無効になりますが）。なお、書面に「契約」という名前がついていなくても、お互いが合意した内容は何かしらの契約行為となり効力を持ちます。

　契約の種類は多岐にわたりますが、ここでは起業・創業時に経営者が考慮すべき主な契約の種類とその目的について、解説します。

①　売買契約

　物の売り買いはすべて売買契約になります。とはいえ、現金やカードで少額即時決済する場合は改まった契約行為は行いませんし、定価の決まった商品を買ったり仕入れたりする場合は、注文書の送付・受領行為で契約を済ませています。改めて売買契約を結ぶのは、注文額が高額で、納期がかかる場

合に限られるでしょう（不払いなどのリスクが大きい場合）。

②　機密保持契約（NDA ＝ Non-disclosure agreement）

守秘義務契約です。秘密にすべき情報を第三者に開示することがないよう、契約により取り決めます。たとえば特許や知的財産に係る情報や、顧客から預かった個人情報、企業の経営情報などは漏洩すると自社ばかりか他社に損害を与える可能性がありますが、そういった情報をある程度開示しないと商談が進まない場合がよくあります。その場合に機密保持契約を結び、お互いに故意・過失を問わず、特定の機密情報を漏洩しないように約束を守る、という契約を結びます。

③　請負契約

請負側が、ある仕事を完成することを約束し、発注側は報酬を支払うことを約束する契約です。いわゆる外注で何かを依頼するときや、工事などを業者に依頼するときは、この契約です。

行為の完成を目的としているので、完成した成果物のミスや欠陥については、損害賠償請求の対象になります。受注側は契約に記載された仕様・品質になるよう成果物を修理する義務があり、瑕疵担保責任といわれます。

④　委任契約

ある仕事を他者に行ってもらう契約です。請負契約と似ていますが、契約の目的は仕事や成果物の完成ではなく、業務の遂行になります。税理士・社労士など専門家への仕事の依頼や、1日当たり・1時間当たりといった時間指定である業務対応を依頼するようなケースに使われます。委任契約では、依頼者が仕事の内容を細かく指示します。

⑤　業務委託（受託）契約

内容は請負契約や委任契約ですが、慣用的によく使われています。内容によって、そのどちらかまたは双方を兼ねるケースもあります。

⑥　金銭消費貸借契約

いわゆる、金融機関などからお金を借りるときに結ぶ契約です。ローン契約ということもあります。

⑦ **雇用契約**

個々の従業員の雇用の際に、雇用条件について定めるものです。一人一人異なる条件（最初の給与、雇用期間など）について定めます。

ここで定めない雇用条件は、就業規則など全社共通のものが適用されます。

⑧ **賃貸借契約**

家賃を支払ってオフィスを借りたりレンタルで備品を借りたりする契約です。

⑨ **リース契約**

賃貸借契約と似ていますが、レンタルは物を短期間借りて返却するのに対して、リースは高額のため買いにくい物を分割払いで払うときに利用します。そのため、リース期間で途中解約ができないのが通常です。ローンとの違いは、ローンの場合、その物の所有権はユーザーにありますが、リースでは物の所有権はリース会社（貸し手）に残ります。このリースは、ファイナンスリースと呼ばれます。途中解約が可能なオペレーティングリースというものもありますが、それはレンタルに近いものです。

(注)　上記には代表的なもののみを載せています。また、法律関係は頻繁に更新されますので、常に最新の法律に従うよう、専門家に確認にしてください。

■ **一般法と特別法** ────────────────

日本では多くの法律があり、複数の法律が適用となる場合にどちらが優先されるのかが気になりますが、より広い範囲に適用される一般法と、適用範囲が特定される特別法として体系化されており、特定された範囲では特別法の定めが一般法に優先するようになっています。

例）民法と商法の場合、商法（特別法）が民法（一般法）に優先

　　民法と会社法の場合、会社法（特別法）が民法（一般法）に優先

■ **基本契約と個別契約** ────────────────

継続して取引が見込まれる場合には、毎回共通で適用する条項を共通部分として定めて、個別取引で変更したい内容を別途定義すると、毎回契約を変

更したり締結したりする必要がなくなり便利です。

　このような場合、毎回変わらない発注や支払いのルール、責任範囲、損害賠償責任などを定めたものを基本契約として締結し、個別の取引で、商品の内容、個数、価格、値引きなどを定める個別契約を締結するのが一般的です。基本契約は、売買に関するものであれば、売買取引基本契約、製造請負に関するものであれば、製造請負基本契約などとして締結されます。発注頻度が高い場合には、注文書で個別契約となる売買契約書を代用することもあります。

　一般法と特別法の関係と同様に、基本契約より個別契約の条件が優先するようにして使います（契約内にそのように定めておきます）。

【ケーススタディ】

●実際に情報を悪用された例

　ソフトウェア業界で創業した技術者 E さんは、データベースに特殊な機能を加えてセキュリティを高めたデータベースを開発し、個人情報の管理業務などに販売しようと、β 版の段階で販路開拓を進めるなかで、某大手 SI 企業から「デモが見たい」と問い合わせがあり紹介をしました。その場では「前向きに検討します」と好感触が得られ、しばらく連絡がないと思っていたら、その企業が数ヵ月後に展示会で同様なコンセプトの新製品を発表しており驚きました。特許も押さえておらず NDA を結んでいなかったために、アイデアを盗用されてしまったケースです。

　相手の企業の大小にかかわらず、アイデアを盗まれる可能性はありますので、情報開示は慎重に行いましょう。

Question 25

契約はどのように結べばよいですか？

Answer 25

契約書を作成して締結します。具体的には、同じ契約書を２部作成し、お互いに記名捺印して、双方が１部ずつ保管します。

実は、契約は契約書がなくても成立します。口頭で一方が提案し他方が合意した旨を意思表示すれば、契約行為は成立します。

とはいっても、皆さんもご存知のとおり、ビジネスの場で交渉・合意した内容について双方の理解が異なって、あとから問題になるケース、いわゆる「言った言わない」の問題は、日々発生しています。悪気はなくでも同じ言葉を双方が自分のよいように解釈して、あとから話が違う、となることは日常茶飯事でしょう。特に、時間が経った後の過去の合意内容などはなおさらです。

それらのトラブルを避けるために、重要な合意事項は、必ず何らかの契約書に落としておくことが重要です。なお、契約書を交わすほどでもない簡単な合意事項の場合、契約書ではなく「覚書」を交わすことも多いですが、法律的には名称が契約書であっても覚書であっても、効力に違いはありません。

契約書の作成は以下のような手順となります。

① どちらか一方が契約書のドラフト（原案）を作成する。複雑な契約の場合は弁護士など専門家に作成してもらうこともある。

② 双方で、契約内容をレビューし、内容が合意できるまで議論・修正する。ここで、弁護士に法律面からのリスクをチェックしてもらうことも多い。

③ 契約書を２部作成する。なお契約書が複数枚にわたる場合は、契約書

が差し替えられないように綴じ込む。

④　契約額に応じた収入印紙を貼る（2部とも）。請負に関する契約書であれば、契約額が1万円未満は非課税だが、1万円以上100万円未満の場合200円の印紙税がかかる（令和元年時点の税額）。

⑤　それぞれが署名欄に記名・捺印（代表者印で）し、改ざん防止のために、袋とじにしたりページにまたがり契印を押す。

綴じ込み作業は手間がかかりますので、契約書は表裏1枚に収められると作成が楽です。複数枚にわたる場合の綴じ込み方法は、Webなどで詳しく調べて行いましょう。

■ 契約書作成の意義

契約書作成の主な効果は次の2つです。

1）契約内容の明確化

契約内容を書面にして残すことで、あやふやな言葉や曖昧な内容を明確にします。

2）問題発生時の証拠

上記にもかかわらず契約内容において問題が発生してしまった際に、契約時の合意内容について明確な証拠が残ります。

2）の効果により、副次的に争いの事前予防にもなります。

■ 契約書の具体的な記載事項

基本的に、契約書はどのように記載しても有効です。しかし、上述のような効果を持った書面を作成することを考えた場合、その記載はポイントを押さえて作成し、わかりやすく抜け漏れなく作成することでより効果が高くなります。そのため、下記のような点に注意して作成します。

・契約の当事者　　　　　　　　・契約した日
・契約の内容　　　　　　　　　・契約を履行する方法
・契約が不履行だった場合の対処　・契約の終了

・契約内容について争いになった場合の解決場所

　実務上は、書籍や Web 上にある契約書のひな形を参考に、弁護士などの専門家に相談しながら作成します。

■ 創業時から知っておくべき契約条項

　よく契約書に盛り込まれる条項で、創業時から気をつけるべき法的義務については、以下のようなものがあります。

①　秘密保持条項

　前述の「機密保持契約」同様、営業秘密を相互に守秘する義務と漏洩の場合の義務責任について定めるものです。あとで営業秘密を漏洩された場合に責任を訴求する際の根拠になります。

②　瑕疵担保責任

（2017 年に民法の改正があり、瑕疵担保責任についての変更がありました。本項の内容が変更されている可能性がありますので、2020 年 4 月以降は最新の情報をご確認ください。）

　建築工事の受発注や工場への製造・加工委託を行う場合に考慮すべき点です。契約の成果物である建築物や製造物に、一般の人では簡単に発見できないような欠陥（瑕疵といいます）があった場合、成果物を製作した受託者は、委託者である発注者に対して成果物が契約した品質を満たすように修理・修正する責任があります。通常は工事終了時や製造依頼した製品の納品時（引渡時）に、建物や製品が契約した要求仕様どおりになっているかチェック、確認（検品）をしてから納品を受け入れます（検収と呼ばれます）。

　電子機器やソフトウェアプログラム、複雑な機械や建物などは、しばらく使ってみないと問題が発見できないケースがあり、このような場合の受託側の責任を、瑕疵担保責任として定めておきます。通常、成果物によって、1 週間、30 日、3 ヵ月などの期間を定め、その期間内に発見された瑕疵については修理交換などの対応をする旨、定めるケースが多いです。

　海外の業者に発注する場合は不良品が混入することが日常茶飯にあります

ので、きちんと瑕疵担保責任を契約書に記述したうえで、物品が届いた際に
すぐに検品をしておくようにしましょう。時間が経ってしまうと、製品の修
理・交換などの責任の遡及が難しくなります。

　受注側としては、瑕疵担保期間をきちんと定めておくことで、時間が経っ
た後に、エンドレスで修理交換などの要求をされることを防ぎます。

③　著作権

　次の「ノウハウ26」で詳細に解説しますが、業種によって、無形の商品
や財産（プログラムや動画・画像などデジタルコンテンツ、写真、文章、広
告デザイン・商品デザイン案・ロゴデザインなど創作物）の制作を外注に依
頼する場合が頻繁にあります。

　その場合に、制作物の著作権がどちらに所属するのかを契約で定めておか
ないと、後々のトラブルとなります。何も規定しなければ著作権は著作者（制
作業務の受託側）になりますが、お金を出す発注側としては自社に著作権を
確保したいケースも多くありますので、そのような場合は契約書に盛り込む
必要があります。たとえば、自社向けの専用ソフトを外注のシステム会社に
発注する場合、先方に著作権が残ると、自社のアイデアを盛り込んで制作さ
れたソフトウェアが、外注先によって競合他社へのシステム提案に使われて
しまう可能性があります。

④　製造物責任

　通常は、製品の不良などにより生じた事故などの損害賠償責任は販売者が
負いますが、製造物責任法（PL法）により、被害者である消費者は、販売
者だけでなくメーカー（製造売者）に対して直接損害賠償などの責任を問う
ことができます。

　メーカーと販売会社の間の契約では、このPL法を踏まえた、製品欠陥発
生時の消費者クレームへの対応について記述することが多くあります。あな
たが製造売者（メーカー）の立場であれば、販売会社だけでなく消費者から
も法的責任を問われる可能性があるため、人の安全や健康にかかわる製品を
製造する場合はPL法保険などに加入し、万一の場合に備えておきましょう。

Question 26

　取引先に自分のビジネスアイデアの一部が盗用されてしまいました。そのようなことを防ぐにはどうしたらよいですか？

Answer 26

　確実に保護したいアイデアや発明については、特許や商標などの知的財産権として申請・登録して保護します。日常業務の中で交わされる機密情報は、機密保持契約を結んで営業秘密として保持します。万一、不正利用や盗用されたときには、知的財産権の侵害、契約の不履行などで訴追したり、不正競争防止法に照らした違法行為として訴える方法があります。

　自社のアイデアや発明を守る方法は、特許、商標、著作権の主張、契約不履行や違法行為の訴追、などいろいろな方法があります。

　しかし、いずれでも万能かつ 100％確実な方法はありません。時間と手間とお金がかかったり、不法行為の立証が難しい場合も多く、請求できる金額が多くない場合はあきらめざるを得ないケースもあります。

　一番よいのは、予防することであって、きちんと契約を結ぶ、特許などで権利を明確化しておく、機密情報を区別して管理する、相手にもきちんとした扱いを要求する、といった日々の行動です。それによって、「この相手とはいい加減なことをすると厄介なことになる」という認識を持ってもらうのがよいでしょう。

　現実問題として、秘密が盗用されることはあります。取引をするなかで、アイデアや仕組みを開示しなければならない状況もあり、そこから盗まれることもあるからです。

　万一のことが起こった場合、民間の個人や法人同士で損害賠償などの責任を追及しようとすると（いわゆる民事訴訟）、訴える側に証拠の立証責任が

あり、容易ではありません。知的財産関連法や契約などで自社の権利を明確化しておくことは、争った場合の立証のためにも重要になります。

　アイデアや発明、創作物は、発明者以外が容易に模倣して同時利用してしまうことが可能です。それを防ぐため、一定の知的財産については、知的財産権として法律で保護されますので、ビジネスの根幹となるようなアイデアは、これらの権利を確保することで守ることができます。

(1)　知的財産権

　起業・創業時によく使われる知的財産権について、解説します。

図表 26-1　知的財産権の種類

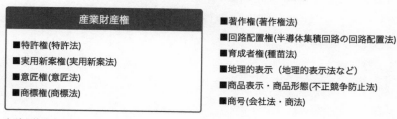

出所：特許庁ホームページ
　　　https://www.jpo.go.jp/support/chusho/index.html

図表 26-2　産業財産権の種類

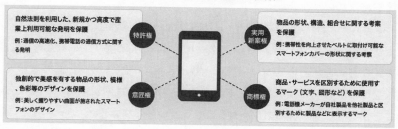

出所：特許庁ホームページ
　　　https://www.jpo.go.jp/support/chusho/index.html

① 特許権、実用新案

新しい製品や技術の仕組みの発明を保護する場合に使われます。基本的に無形のアイデアだけではなく、有形の物品や製品、システムとして実現する形で申請する必要があります。特許と実用新案の違いは、

・特許のほうが高度な発明、実用新案は簡易なアイデアに用いられます。

・特許は事前審査で既存に同様な特許がないか審査がありますが、実用新案は、形式要件が満たされていれば取得できます。（訴訟などがあったときに初めて他者の実用新案との有効性の審査がされます。）

・上記のことから、特許のほうが取得にお金と時間がかかり、保護される期間も長いです。

なお、特許は、すでに広く公開されている内容については、取得できません（公知といいます）。特許を取りたいアイデアについて、他社に資料を渡したり、展示会に出展したり、文献に掲載したりしたものは、特許が取れなくなるため、取り扱いには注意してください。

② 意匠権

製品など、独自性のあるデザインについて取得するものです。「工業上利用できる」ものが対象となります。

③ 商標権

会社や商品・サービスのマーク（文字・図形など）を保護します。商品名、ロゴマーク、スローガン、人形などの立体形状、CMで使われる音声なども、商標の対象になります。

あまりに一般的に使われていて発明性がないか、類似商標の登録がないかなどが審査されてから登録されます。10年ごとに更新（登録費用）が必要です。なお、地域名の入った商標は一般的に認められません。例外として、対象地域の組合など地域ブランドの利益を代表する協同組織には、認められることがあります（「地域団体商標制度」といいます）。

④ 著作権

いわゆるクリエイティブな創作物である、文章、絵、画像、音楽などに認

められる権利です。他の知的財産権と異なり、権利の申請は不要で、創作の時点で自然と権利が発生します。著作権は、他人に利用を許可する権利、複製・配布する権利、改変をさせない権利、譲渡したり貸与する権利など、いろいろな権利の集まりであり、それらを個別に他人に譲渡したり利用してもらうことができます。著作権は、保護される期間が70年と非常に長くなっています。

なお、ソフトウェア言語自体は記述ルールであり著作権対象になりませんが、制作したプログラムには著作権が認められます。

広告デザイン業務や執筆業務、ソフトウェアの受託開発業務では、受託者であれば自分のノウハウが無断流用されないように、発注者であれば2次利用をしたい場合はそれが可能なように、契約などで定めておくことが肝要です。

また、ビジネス上の知的な権利は、特許などで権利化して守るほか、以下のように、営業秘密として実務的に守る方法があります。

(2)　不正競争防止法

不正競争防止法では、15の禁止行為が定められていますが、起業・創業の観点から留意すべきものとして以下のようなものがあります。

・周知な商品等表示の混同惹起

パッケージや商品を似せて、消費者を混同させるもの。

・著名な商品等表示の冒用

有名ブランドや商品名を勝手に利用すること。

(3)　営業秘密の侵害

創業時に最も留意が必要なものです。技術的情報や顧客情報などの営業上の秘密を盗んだりして利用することが禁じられています。秘密と認められるには、以下の条件を満たしていなければなりません。

① 秘密管理性：秘密として管理されていること（鍵のかかった場所や「社外秘」など表示があり、秘密として管理されていること）。

② 有用性：実際に利用されているか否かにかかわらず、有益な情報であること。

③ 非公知性：公然に知られていないこと（すでに自社または他者により公開されている情報は対象外）。

たとえば、退職した従業員が会社の情報を持ち出したりするのも、違反行為になります。

そのほか、商品形態の模倣、ドメイン名の不正取得、品質や原産地を誤認させる行為などが禁止行為として挙げられています。

■ 特許や商標権の調べ方

特許・実用新案、意匠、商標は、特許情報プラットフォーム「J-PlatPat」（https://j-platpat.inpit.go.jp/）であらかじめ調べることができるようになっています。自己のアイデアがすでに他社で権利化されていないかを調べたり、他社に自社権利の侵害の疑いがある場合に調査することに使えます。

■ 職務著作と職務発明

職務上作成する著作物については会社が著作権者となりますが、職務上の発明については、原則として従業員個人が発明者になります。そのため、会社を発明者として特許権を取りたい場合などは、あらかじめ雇用契約や就業規則で、職務上の発明は会社に権利を承継するように、定めておくことが必要です。

■ 特許など知的財産権は取るべきか？

特許は、自己のアイデアを第三者に明確に主張できるよう権利化できるメリットは大きいのですが、いろいろな制限もあります。

特許の内容は、申請すると公開されるため、大企業など他社の知ることと

なります。最近は海外企業も日本の特許データベースを精査し情報収集しています。

　特許の取得には時間とお金がかかるわりに20年しか保護されないので、権利化できたときには事業上あまり役に立たないものになっている可能性もあります。また、特許はすでにいろいろなものが出願されているため、既存特許に抵触しないようにすることは大変です。

　そのため、大企業などでは、関連特許をたくさん取得して他社と特許の売り買いをすることで、自社の実施権を確保したりする知財戦略・特許戦略を専門に行う部署があったりします。

　スタートアップ企業ではそのような体制をとることはかなわないため、他社の権利を侵害しないことと、自社のアイデアを守ることの両面から、事業存続にかかわるようなものについてのみ、対策を考えるということになると思います。

　実務上は、特許化せずに、営業秘密としてアイデアをしっかり守りながら、商標を取得してブランドの識別性を確保するような形をとることもあります。テクノロジー企業が、他社へのM&Aによる売却を狙う場合などは、特許による権利化が企業価値に直結しますので、スタートアップ企業といえども本格的な知財戦略を進める体制をとりましょう。

Question 27

　プロモーションで高額景品を設定して人を集めようとしたら、法律上の規制があるから気をつけたほうがいい、と言われました。どのような留意点がありますか？

Answer 27

　消費者保護と悪徳業者の取り締まりの観点から、販売や広告の手法や内容に関する法規制があります。消費者からのクレームにつながる恐れがありますので、規制の内容を理解しておきましょう。

　誤認を引き起こして商品を購入させる不当表示、マルチ商法などは後を絶ちません。悪徳業者を取り締まるために、各種の消費者保護の規制があり、起業家といえどもしっかり守らなければなりませんので、商品の販売や広告において順守するように気をつけましょう。業種によっては、医療・薬品のように広告が大きく規制されている業界もあります。

①　景品表示法

　商品内容の不当表示、取引条件の不当表示、おとり広告、不当な比較広告などが禁止されています。景品提供についての規制もあり、抽選やクイズの景品において、5,000円以下の商品には20倍以上の価額の景品を提供してはならず、5,000円以上では10万円以上の景品をつけてはいけません。

②　特定商取引法

　訪問販売、通信販売、電話勧誘販売、連鎖販売取引、特定継続的役務提供、業務提供誘引販売取引、訪問購入などの販売方法に規制があります。これらの販売方法では、販売者の氏名表示や契約内容の書面交付義務があり、強引な勧誘や誇大セールスが禁じられています。

　連鎖販売は販売員の勧誘を伴う紹介販売です。特定継続的役務提供は、エステサロンや英会話などの長期的に利用するサービス、業務提供誘引販売

は、仕事の提供を前提に高額な設備（パソコンや加工機械など）を購入させるものです。いずれも悪徳業者が消費者を誤認させ不要な請求をさせることを防ぐために、各種の義務・規制があります。

また、消費者保護のため8日間のクーリングオフ期間が設けられています。

③　電子メール広告法

迷惑メールの規制のための法律で、オプトインの義務化、ワンクリック詐欺の規制などが規定されています。受け手の承諾を得ていない電子メールは原則禁止となっています。電子メール広告の送信を拒否する方法の表示義務と、電子メール広告の送信を拒否した消費者への送信禁止も規定されています。具体的には、見込み客からメールアドレスを預かって広告などを送るときは、事前に見込み客の承諾を得るようにしておく必要があります。

④　独占禁止法

直接消費者を守るものではありませんが、大企業が独占的地位を利用して、消費者に不利益な行為をすることを禁止しています。大手企業がカルテルなどを結んで共同で値上げをする行為などが典型的な禁止行為です。起業・創業時に気にしなければならないのは、再販価格指示の規定でしょう。メーカーが、小売業者に販売価格を指定・指示することは禁止されています。また、貴社が中小メーカーの場合で、取引先の大手小売業者から売場への社員派遣を強要されたりした場合、そのような行為も違法です。

⑤　その他

消費者の生命や健康にかかわるものには、製品の表示や広告に対する規制があります。食品、医薬品、化粧品、医療行為については、成分や効能の表示には詳細な定めがおかれ、誇大な広告が禁止されています。旅行代理店など旅行業にも同様な規制がありますので、行政窓口や専門家に相談して、法に従った表現・表示を心掛けましょう。いいかげんな表示を行うと、後から商品の廃棄やパッケージの刷り直しなどが必要になることがあります。

投資性の高い金融商品についても、消費者を誤認させる可能性が高いことから、詳細な表示義務とともに虚偽誇大広告が禁じられています。

第 **4** 章

業種別の起業のポイント

スタートアップビジネス、スモールビジネスがとるべき戦略とはどのようなものですか？

「ニッチ戦略」が定石です。

　「起業」した直後のスタートアップビジネスは、常にスモールビジネスです。スモールビジネスは、既存の大小さまざまな企業が行っているビジネスの隙間（ニッチ）を突いて、割り込んでいかなければなりません。「いやいや、私のビジネスは全く新しいコンセプトのニュービジネスで、新しい市場を作るんですよ」という方もいるかもしれませんが、お客さんの財布や時間や胃袋が有限である限り、他の企業のために使っているお金や時間や胃袋を自社のために割いてもらわなければなりません。つまり既存企業を「競合他社」「競争相手」と見て、新参企業として競争することになります。

　そのとき、新規参入のあなたの事業は、売上も利益も少なく、資金力や生産力、販売力も劣り、知名度も低い弱者となります。弱者が強者に勝つための戦略の定石は一点集中です。既存企業が注力していない隙間を見つけて、その狭い分野で競争に勝てるように、経営資源を集中し力を注いで、競争相手である既存企業から顧客を奪うわけです。徐々に隙間を広げていくことで、ゆくゆくは競争相手をひっくり返すことができます。

■ **コトラーによる競争地位戦略**

　経営学者のコトラーは、マーケットシェアの観点から起業戦略を４つに分類して、競争地位に応じた企業戦略をとることを提唱しました。

　経営資源の劣るスタートアップ企業は、基本的にまずはニッチャーの地位

を確立することに注力し、狭い市場で No. 1 になることで価格競争に巻き込まれないようにし、収益性を確保して次のステップへの投資余力を蓄積します。

図表 28-1　コトラーの競争地位戦略

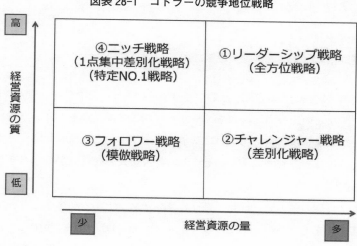

① リーダー：マーケットリーダーのとるべき戦略で、全方位戦略・フルラインナップ戦略をとり、市場そのものを拡大することを目標とすべきです。

② チャレンジャー：2 番手、3 番手のシェアを持つ企業で、トップへの差別化戦略をとりながら、買収や下位企業のシェア奪取によりシェア拡大を目指します。

③ フォロワー：中位以下のシェアの企業で、基本的にはリーダーの模倣戦略をとり、類似のものを低価格で提供するのが基本戦略となります。

④ ニッチャー：シェアは小さいが独自の強みを持つ企業で、特定市場での集中戦略をとります。オンリーワン戦略で得た収益を強みの更なる強化に充てて、チャンスをうかがいます。市場環境の大きな変化でトップ企業に入れ替わることもあり得ます。

Question 29

　飲食店を開いて起業しようと思っていますが、どのような戦略をとるのがよいでしょうか。

Answer 29

　「差別化」戦略と「集中」戦略がポイントです。

　飲食業、建設業、美容・理容業などの地域型のサービス業や、食品、雑貨、アパレルなどの定番商品の店やメーカー（ここでは、定番のローカルビジネスと呼びます）は、全く新しいビジネスを生み出すことは難しい一方で、競争相手ははっきりしています。そこで、新規参入の起業家が行うべきことは「差別化」と「集中」です。

　自社・自店の強みを分析し、自社の商品がマッチする顧客層や既存企業・既存店がうまくカバーできていないエリアを見つけ、そこに集中して売り込みをかけることで、まずは狭い範囲で成功を得ます。そしてそこを足掛かりに、そこで得た収益をもとに、商品を質・量ともに拡大したり店や営業所を増やして、事業を拡大します。

　創業すると、顧客から、取引先から、銀行から、いろいろな人から「お宅の商品は○○（既存商品）と何が違うの？」といやになるほど聞かれるでしょう。なぜ差別化が重要なのか？　当たり前ですが、差がないのであれば既存商品で事足りるので、新しいものの存在意義がないからです。

　差別化の次に考えないといけないのは、シェアを増やすことと No.1 になることです。シェアを増やして No.1 になるためには、マーケットを絞り込むことと、差別化ポイントを強化することの組み合わせで行います。

　付加価値をつけ、差別化を行うには、以下のような方法があります。

　・商品自体で差別化する＝商品自体、品揃えで特徴を出す（セレクト

　ショップなど）

　　・サービスで差別化する

　　・ストアコンセプトで差別化する

　　・店舗の立地で差別化する

　実際には、これらの組み合わせにより総合的に差別化します。

　価格で差別化する方法もありますが、競合が追従してきた場合には、新規参入者が不利となり、最終的には共倒れになってしまいます。基本的には、トータルのコストパフォーマンスで差別化を目指すべきです。

　差別化した自社の商品やサービスが、最も合う顧客層が多い地域やエリアを狙って、店を出したり営業をかけましょう。店であれば、競合店が少なく、自社商品を好む顧客層が多く存在するエリアを狙います。営業販売であれば、ターゲット層となる顧客や企業を絞ることで移動時間を減らし、訪問頻度を上げることで、販売力がアップします。

　このようにターゲットを絞り込むことで、狭い範囲で、既存他社より販売力や営業力で優位に立つことで、顧客を獲得するというわけです。

　いったん狭いエリアで成功を収めれば、類似の条件のエリアに同様なアプローチで横展開することで、順調に事業を拡大できます。定番のローカルビジネスでは、成功を収めると競合他社がマネをしてくることが多いため、成功パターンが見えたらスピード感をもった事業展開も必要です。

■ シェアを増やすことのメリット

　販売目標としては、売上目標、利益目標、シェア目標の 3 つがよく使われます。そのうち、シェア目標は、シェアを拡大することについて以下のような大きなメリットがあるため、長期的・戦略的な目標としてよく利用されます。

　　・価格の主導権がとれる。

　　・物流コストなどコスト全般に対する相対的な軽減の効果が表れる（スケールメリット）。

・情報量が多くなり、打つ手の的中度が高くなる。

・組織の自信とプライドが生まれてくる。

　お店の場合は商圏シェア、メーカーの場合は業界シェア、大手企業相手のビジネスでは顧客内シェア、などのとらえ方があります。

■ No. 1 になることのメリット

　ニッチ分野でよいので、No. 1 にこだわることは非常に重要です。No. 1 には、No. 2 以下では得られない、以下のようなメリットがあります。

・No. 1 以外は、社名や商品名を覚えてもらえないことが多い。

・そのカテゴリーでの代名詞となれる。そのため、「とりあえず一番のものを選んでおけば安心」という層を取り込める。No. 1 になることで、こだわりの少ない層を取り込める。

・その結果、浮動層顧客を取り込むことができ、それがさらにシェアを高めて、No. 1 の地位を盤石・不動のものにできる。

■ Web ビジネスはレッドオーシャン

　近年の起業家で多いのが、「販売やサービス展開はとりあえず Web で行います」というビジネスプランですが、Web での販売は、敷居は低いですが、決して簡単ではありません。

　Web の世界は「ロングテール」といわれますが、一部のトップ商品が売上の大半を占め、その他のほとんどの商品はわずかしか売れないという業界です。世界に向けて販売ができる反面、競争もグローバルです。日本全国はもちろん、アジア各国で作られた安くて質のよい商品やサービスとも競争しなければなりません。そのため、Web での販売や Web でのサービス展開を考える場合は、その商品やサービス自体が「Web 以外でも売れる」十分に魅力的なものであるかを検証しなければなりません。

　また、たとえば、Web にショップを出すことを考えてみましょう。出店したばかりのそのショップは、Google やスマホの検索エンジンにも引っか

からず、SNS のタイムラインにも流れない、無名のショップです。店であれば田舎町の裏通りに店を出した状況であり、何とか人目につく場所に移転しないと経営もままなりません。

　そのために多くの企業は、Web で広告を出し、検索エンジン最適化を行い、日々の SNS マーケティングに大きな力を注いでいるわけです。実際に、某大手ネットモールに出店している業者は、月 100 万円は売り上げないと黒字にならない、といわれています。

　また、Web の世界は「ネットワーク効果」が強く働く分野です。新しい Web サービスを開始したとしても、ユーザー数が一定数増えなければ利便性が上がらず、利用者が増えないという悪循環が続きます。また、新しい Web サービスは、ユーザーのスマートフォンの画面のアイコンの場所を取り合い、通勤時間や隙間時間を取り合うことになるということも忘れてはいけません。新しいサービスの競争相手は、類似のサービスだけではなく、Yahoo！や Instagram、YouTube でもあるわけです。

　そのうえで、Web 上で商品やサービスの認知度を広めて、アクセスの少ない「ネットの片隅」から「Web の表通り」に店が移転できるよう、綿密なプロモーション計画を立てる必要があります。プロモーション手段も、Web 上の手法に限定せず、マスコミ・紙媒体・店頭プロモーションなど従来型の手法を組み合わせることで、大きな相乗効果が得られると考えるべきです。

【ケーススタディ】

● 定番ビジネスで独自性を生かして成功

　ネイリストのFさんは技術を磨いて店長として店を任されるようになりましたが、結婚・出産を機に独立して、仲間とともに会社をつくり、経営者となりました。定番ビジネスのネイルサロンでありながら、「託児所付きのネイルサロン」として開業し、自身がそうであるように、「きれいでいたいママ」のために店をつくりました。

　開業にあたっての物件選びは、とても慎重に行いました。独立前の店の得意客が来店しやすいよう、同じ沿線の20分ほど郊外にあるターミナル駅を選び、駅徒歩3分の駅近でありながら、家賃が安めの物件を見つけました。近くに大型スーパーがあり、子育てママがそこに車で買物に来たついでに立ち寄れ、しかも2軒隣りに保育所があり、そこの利用者の立ち寄りも見込める好立地を見つけることができ、開店後順調に顧客を増やすことができました。

　サービス業の成功ポイントである、店の立地とサービスの差別化で成功した例です。

ノウハウ**30** 目新しいコンセプトのビジネスにおける 起業戦略を知る

Question 30

新しいアイデアを思いついて実用新案を押さえて、その発明を使った製品を開発したので、新しいビジネスを興したいのですが、どのような戦略がよいでしょうか。

Answer 30

新しいコンセプトが、どんな顧客に受け入れられるのかを見極め、まずは「勝ちパターン」を見つけることに注力しましょう。

　新しいアイデアの発明やビジネスモデルを用いた、新しいコンセプトの製品・サービスで事業展開するには、定番のローカルビジネスとは違うアプローチが必要です。基本的に、人には新しいものに飛びつく層と保守的で変わりたがらない層がいますが、新しいコンセプトのものは新しいものに飛びつく層に売り込まなければなりません。

　一般的にこの層はアーリーアダプターと呼ばれ、潜在的なユーザー層の15％程度といわれており、あまり数が多くありません。そのため、目新しいものを普通の店においてもらっても、多くの商品に埋もれて目立たないまま大半の顧客は興味も示さずに終わってしまい、「売れない商品」の烙印を押されてしまいます。

　したがって、革新性の高い製品は、このような「新しいもの好き」層が集まりやすいコミュニティにアプローチするのが早道となります。セミナーやシンポジウム、展示会、勉強会や学会、業界団体などの集まりがよいでしょう。また、最近ではWebでのバーチャルコミュニティやネットサロンなども利用できます。そのような新しいもの好きの層に試用・評価してもらい、その人たちの意見を取り入れ製品を改良し、ファン層を徐々に広げていきます。業界のオピニオンリーダーやマスコミに取り上げられれば、チャンスが

大きく広がります。

　ただし、最初はグループの人々が興味を持っているかがわからないため、いろいろなコミュニティにアプローチしてみる必要が出てきます。当初想定していたのとは少し違った顧客層やコミュニティから受け入れられることも多くあります。最初は広くいろいろなグループにあたってみて、勝ちパターンが見えたらそこに経営資源を集中投入しましょう。そこから先は、前項の定番のローカルビジネスの場合と同様です。

■ イノベーター理論

　商品購入の態度を新商品購入の早い順に5つに分類したものです。

図表30-1　エベレット・ロジャースのイノベーター理論

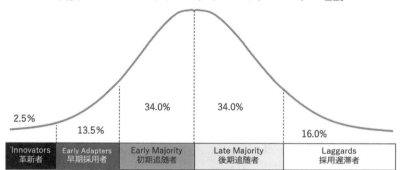

① イノベーター（Innovators：革新者）：新しいものを進んで採用する人。
② アーリーアダプター（Early Adopters：初期採用層）：流行に敏感で、情報収集を自ら行い、判断する人。オピニオンリーダー。
③ アーリーマジョリティ（Early Majority：前期追随層）：比較的慎重派な人。平均より早くに新しいものを取り入れる。
④ レイトマジョリティ（Late Majority：後期追随層）：比較的懐疑的な人。周囲の大多数が試している場面を見てから同じ選択をする。フォロワーズ

とも呼ばれる。

⑤　ラガード（Laggards：遅滞層）：最も保守的な人。流行や世の中の動き
　に関心が薄い。伝統主義者とも訳される。

■ リーンスタートアップ

　リーンスタートアップは、起業家 Eric Ries が提唱する米国生まれのスタートアップ企業向けのマネジメントメソッドです。現在では、国内の大学や起業支援施設などで講座があるほど浸透しています。

　トヨタのリーン生産方式の思想をスタートアップに応用したマネジメント手法で、目標に「直線的に」向かうために、徹底して無駄（時間、資金など）を排除し、リスクを最小限にする起業法です。キーコンセプトとして、MPV を使って製品開発と顧客開発を同時に行うことがあります。

　最低限の試作品を作って顧客のリアルな反応を見ながら、製品コンセプトを見直したり製品を改良したりして、そのサイクルを繰り返すことで成功確率を高めます。

　机上で入念な計画を練るのではなく、外に出て（get out of the building）

図表 30-2　リーンスタートアップによる製品開発と顧客開発の考え方

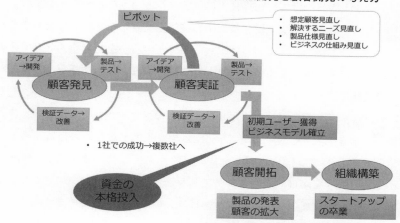

顧客との対話をすることを重視します。失敗を恐れず、チャレンジを繰り返し、実践による仮説検証と学びを繰り返すことで最短で新製品の事業化を目指します。

「Fail Fast, Fail Cheap, Fail Smart」という考え方で、現金は最後まで保持し、お金のかかることはできるだけ後に回すことでリスクを低減します。新しいコンセプトの商品・イノベーティブな製品を世の中に出すのに向いている手法です。仮説検証には、クラウドファンディングなどもよく使われます。

■ MPV（ミニマム・バイアブル・プロダクト）とは

MPVとは、リーンスタートアップのアプローチで使われる製品開発の考え方で、有効性の確認に最低必要限な機能や特徴に絞りこんだ、ニーズ検証用の初期製品のことをいいます。このアプローチで成功した製品に、ソフトウェアのDropbox（ドロップボックス）があります。

革新的なコンセプトの製品の開発で陥りがちな罠に、コンセプトプレゼンや試作品を見込み客に見せたときに出てくるいろいろな意見（フィードバック）を取り入れすぎで、開発費用が膨らんだり開発計画が遅れる一方で、製品コンセプトがぼやけて、市場投入に失敗するということがあります。

リーンスタートアップでは、最低限の機能を実装したシンプルなものを市場に出して、お金を払って買ってくれる顧客がいるかを見極め、そしてその顧客のフィードバックを重要な意見として取り入れ、仮説検証を繰り返しながら商品化を進めます。

Dropboxの例では、競合の大手企業が類似のファイル共有サービスを次々に出してきましたが、先行するDropboxと差別化するために複雑な機能を装備し、それが余計にサービスを使いにくくしてしまいました。Dropboxは小企業でありながら、そのコンセプトのシンプルさと使いやすさから、依然として最も優位なファイル共有サービスとして生き残っています。

【ケーススタディ】

● MPV によるテストマーケティング

　ウェアラブルデバイスのメーカーとして創業したエンジニアのGさんは、乳幼児向けに体調データを捕捉して体調の異常を調べるウェアラブルデバイスを開発しましたが、まずは保育園のお昼寝時の状態確認という用途に絞って、最小限の機能を組み込んだ試作機を作り、保育園の実地検証を行いました。それにより、ユーザーの具体的なニーズを吸い上げ、使いやすさを重視した製品開発に成功しています。製品開発のように大きな先行投資が発生する分野では、最終顧客に対する直接的な市場調査（テストマーケティング）を行うことが、リスクを低減するポイントです。

ノウハウ 31　ビジネスモデルを考える

Question 31

> ビジネスモデルとは何ですか？　なぜビジネスモデルを考えるのです
> か？

Answer 31

> ビジネスモデルとは、自社の事業とその儲かる仕組みを簡潔に説明し
> たものです。事業の利害関係者が、共通理解を持てるようにするために
> 考えます。

　起業の場では、ビジネスモデルという言葉が頻繁に使われます。特に広く
その言葉が使われるようになったのは、米国で「ビジネスモデル特許」
（Business method patent）という特許が IT 業界を中心に広く知的財産保護
の手法として用いられるようになったのがきっかけです。技術が成熟化・一
般化するのに伴って、製品やサービスの内容そのもので差別化したり革新性
を出したりすることが難しくなり、ありふれた技術の組み合わせであって
も、ビジネスの仕組みそのもので革新性や強みを構築する企業が増えてきた
という背景があります。

　ビジネスモデルの定義や表現方法は人によってまちまちですが、①その企
業や事業が儲かる仕組みや独自性を説明する、②事業の仕組みや全体像を俯
瞰的に説明・表現する、③ビジネス全体の仕組みの中で、自社で行うことと
行わないこと（他社が提供するもの）を明確に説明する、というのが目的と
いえます。

　ビジネスモデルの表現方法としては、事業ドメインの表現にのっとって
「誰が」「何を」「どのように」提供するのかという文章で表現したり、企業
の強みの源泉と付加価値の関連を表現するためのビジネスシステム（バ
リューチェーン（価値連鎖））図を用いたりすることがありますが、近年は、
よりわかりやすいよう、図表 31-1 のようなフロー図で表現することが多く

なっています。

図表31-1　ビジネスモデル図の例

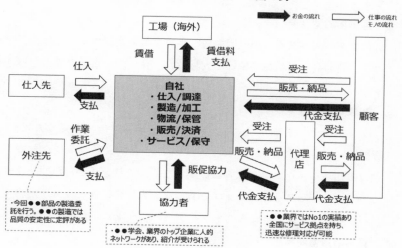

　このようなビジネスモデルの図を作成するときには、以下の点に留意しましょう。

- ・調達先から自社を経て顧客に至るモノや仕事の流れと、その逆になるお金の流れが明示され、顧客が必要とするものがきちんと届けられるように作成する（設計する）。
- ・自社で行うことと他社で行うこと（外注先、委託先など）を明確化するようにする。
- ・儲ける・儲かる仕組みがわかるよう、自社の独自性をアピールし、他社との差別化ができていることがわかるように表現する。

　ビジネスモデルを事業の収益モデルと見る場合には、大きく3つの類型に分けられます。

① **設備型産業**

　電力会社、携帯キャリア、鉄道、大規模製造業、施設農業、遊園地な

ど、設備・施設を顧客に利用してもらうことで収益を得ます。大規模な設備投資が必要となり、設備稼働率の向上が収益性のポイントとなります。

② **労働集約型産業**

　飲食業、美容業界、小売販売業、小規模製造業、フルーツ農園、などです。質の高い従業員の確保と人材教育・育成が、事業の成否を握ります。

③ **知識集約型産業**

　クリエイティブ業界（マスメディア、広告、映像・音楽・アニメ）、専門サービス（会計士・弁護士）、ソフトウェア、教育産業などです。独自の知識やノウハウを顧客に提供したり、それを活かした独創性のある商品・サービスを開発します。質の高い人材の確保と優良な情報・ノウハウにアクセスできる人的ネットワークの構築がポイントとなります。

④ **資本活用型産業**

　土地やお金を活用して収益を生むモデルです。銀行・証券・保険や不動産業などです。投資収益性や投資効率（投下した資産で、いかに短期間で高い収益率を得るか）で、手元資金の大きさと適正な判断ができる情報量が重要となります。

　大きな先行投資が不要という意味で、起業が多いのは②の労働集約型産業や③の知識集約型産業です。

■ **事業ドメイン** ─────────────────────

　ドメインとは、事業を展開する領域のことをいいます。もともとは生物の生存領域を示す単語がビジネスに転用されるようになりました。従来の「業種」「業態」という表現では、技術革新や法改正などによる、市場が丸ごとなくなってしまうような大きな市場環境の変化に対応できないため、ドメインという概念が用いられるようになりました。

　自社のミッションや存在意義を明確にする点からも利用されます。事業ド

メインは、従業員をはじめとする利害関係者に行動指針を与えるものであるため、広すぎる漠然としたものではダメですが、狭すぎて市場環境の変化でなくなってしまうようなものでも困ります。自社の競合優位性（コア・コンピタンス）や顧客層の期待、ひいては自社の存在意義を踏まえて決めるのがよいとされています。

　たとえば、トヨタは「自動車メーカー」から「モビリティ提供会社」への変革を目指し「「Mobility for All ―すべての人に移動の自由と楽しさを―」をキャッチフレーズにして変革を進めています。このようなドメイン定義から、KINTO という車のサブスクリプションサービスやマイカー賃貸のカルモ、レクサスブランドでの高級クルーザーの開発など新事業を展開しています。

　ドメインは企業の成長とともに再定義が必要となり、近年では Apple Computer が iPhone の成功とともに社名を「Apple Inc.」に変更し CI（Corporate Identity）を行っています。

　D. F. エーベルが、①顧客層・市場（その事業の恩恵を受ける顧客は誰なのか？）、②顧客機能・ニーズ（その事業で満たすべき顧客ニーズは何なのか？）、③技術（その事業はどんな技術によって実現できるのか？）で事業を定義・表現することを提唱し（エーベルの三次元事業定義モデル）、「誰に」「何を」「どのように」という表現が、ビジネスモデルを端的に表すことができるため、ビジネスモデルの表現方法の1つとして使われています。

■ ビジネスモデル特許

　1990年代後半に米国でビジネスの方法が特許の対象になると認められたことから、特に情報システムを活用した新しいビジネスの方法をビジネスモデル特許として申請することが、2000年代に相次ぎました。ただし、特に特別な法律上の定義や特別の保護制度があるわけではありません（国内では「ビジネス方法上の特許」という名称で用いられるだけです）。

　特に日本では、ソフトウェアだけでなく、ハードウェアと連携した具体的

な手段で実現されるものでなければならず、特許として認定されることは容易ではありません。米国で認められた有名なビジネスモデル特許としては、「逆オークション」「ワンクリック」などがあります。

■ 業種と業態

なお、事業内容を誰にでもわかるように説明する方法として、「業種」と「業態」もよく使われますので、自社の事業を業種・業態で説明できるようにもしておきましょう。

業種とは、事業内容をその取り扱う商品・サービスの種類で分類したものです。大きなくくりでは「製造業」「小売業」といった分類であり、細かいくくりでは「自動車部品製造業」や「美容・理容サービス業」などと分類されます。

業態とは、事業内容をその商品・サービスの提供方法で分類するものです。以下は業態の例ですが、新しい顧客ニーズに対応するために、日々新しい業態が生み出されています。

- ・小売業・サービス業：デパート、GMS（総合スーパー）、コンビニエンスストア、ショッピングセンター（のテナント）、PB（プライベートブランド）、ロードサイド店、ネットショップ、24時間営業、無人店舗、移動店舗、立ち食い店、定額制など
- ・製造業：OEM（相手先ブランドによる供給）、ファブレス（EMS、SPA（アパレル））など
- ・インターネット：インターネットモール、ネットオークション、アフィリエイト、クラウドワーカー（クラウドソーシング）など

ノウハウ 32　業種別のビジネスモデルを理解する（1）
─小売業

Question 32

小売業のビジネスモデルとはどのようなものですか？

Answer 32

ブランド品を扱わない限りは、基本的に「粗利の薄い」商売であり、薄利多売のビジネスモデルです。店舗を構える場合は立地が非常に重要で、「地の利」を活かすことがポイントです。ネット販売は家賃負担がない代わりに差別化が難しいため注意が必要です。

　好きなものを売って生活をするというのは、だれでも一度はあこがれたことがあるのではないでしょうか。花屋、おもちゃ屋などは昔から小さな子供があこがれる職業です。小売業は、ビジネスモデルとしては比較的シンプルで、生産者（メーカーなど）から製品・商品を購入し（仕入）、店に陳列し

図表 32-1　小売業のビジネスモデル

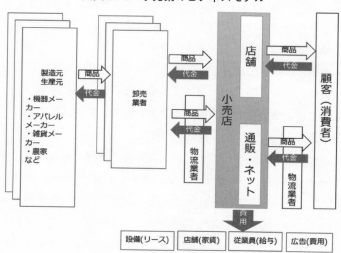

て接客・販売します。生産者（メーカー）は、通常物流を自社で持っていないため、卸売業者が物流機能を提供して間に入ることがほとんどです。

「店を開く」となると、どうしても「どんな店にするか」「どんな商品を並べるか」など、店づくりに気を取られてしまいがちですが、小売業の成功のカギを握るのは、実は「立地」と「仕入」です。

この2つで好条件が押さえられれば、店は半分成功したようなものです。この「立地」と「仕入」、そして「店づくり」（ストアコンセプト）の3つが小売の成功のポイントとなります。

(1) 立地

好立地の物件は家賃が高いため、物件の選定は特に重要です。店舗を借りるには6〜10ヵ月分の保証金を前払いする必要があり、内装・改装費用も最低でも100万円程度はかかるため、いったん開店すると簡単には移転できません。不動産は出物であるため時間をかけて満足の得られる物件を探し、家賃が安いからといって飛びついたり、楽観的過ぎる収支計画に基づいて高すぎる物件を借りないよう、気をつけましょう。一般的には、売上高の5％前後に抑えるのが適切といわれています。テナントとして出店する場合は、一般的に、デパートでは売上の10〜20％、ショッピングセンターでは売上の5〜10％がテナント料としてかかります。

なお、金融機関から開店資金の融資を受けるときは、不動産の賃貸契約書の写しが必要になり、開店場所が決まっていないといけません。

物件選定には、集客面と設備面の両面から見る必要があります。

① 設備面

店舗向けの物件については、自分の業種と同じ業種であれば設備や内外装の多くがそのまま流用できるため、安く済みます（「居抜き」物件と呼ばれます）。ただし、同じ店舗が短期間で何度も店が入れ替わっている場合は、一見わからない不利な条件がある場合がありますので、注意が必要です。

なお、商売の内容については用途地域による制限があります。また、直接

的な用途制限がなくても、近所の周辺環境との兼ね合いで特定の種類の商売を避けるべき場合もあります。

②　集客面

・商圏

　まずは扱う商品と店の業態によって、商圏の範囲が異なりますので、一般的な商圏範囲から、商圏内の人口（特に、自店の対象顧客層の人口）を把握します。

図表32-2　小売業の商圏

種　　類	商圏範囲	出店目安となる商圏人口
コンビニエンスストア	500m 程度 徒歩 5 ～ 10 分	約 3 千人
ドラッグストア	1 ～ 2km 程度 自転車または自動車	約 3 千～ 1 万人
食品スーパー	2 ～ 5km 程度 自動車	約 5 千～ 3 万人
GMS（大型スーパー）	10km 程度 自動車、鉄道	約 10 万人
百貨店	50km 程度 自動車、鉄道	約 50 万人

　また、自店が地域住民を対象とする場合であれば通常の人口（夜間人口）を確認しますが、昼間のサラリーマン・労働者を対象とするのであれば、昼間人口や商圏内の事務所・事業所数の確認が必要です。

・人の流れの確認

　オフィス街や商店街であれば、店前の通りの通行量や、付近の駅の乗降客数を確認します、ロードサイド店であれば、車の台数や流れを確認します。時間帯や曜日によっても大きく異なりますので、最低でも平日と休日、朝・昼・夕方・夜間の通行量と年齢・性別層は、目で見て確認しなければなりません。車の場合は、上り車線側と下り車線側か、交差点や信号からの距離も

重要です。歩行者や運転者から見ての視認性や入りやすさも大きく影響しますので、自ら歩いたり運転して確認してみる必要があります。テナントビルの場合は、店の階数や看板の出せるスペースも重要になります。一般的には入りやすく目立ちやすい1階が望ましいのですが、一部の商売では、あえて地下や上階を選ぶほうがよいケースもあります。

店によっては、特定の施設が近隣にあるかどうかも重要です（花屋であればホールや病院の有無、学用品やスポーツ用品であれば学校の有無など）。

(2) 仕入

昔より商売は「利は仕入にあり」といわれ、有利な仕入先の確保は商売の成否を決めるものといわれており、それは現代も変わりません。店の立場としては、魅力的な商品を数多く安い値段で仕入れたいところですが、そういった人気商品は卸側も高く卸したいため、交渉の工夫が必要となります。

取引条件としては、商品ごと・アイテムごとの品目と数量、数量に応じた単価、支払方法と時期、諸経費の負担などですが、支払いを早めたり購入量を増やす代わりに値引き額（仕切り）を下げるなどの工夫が必要です。

(3) ストアコンセプト

店の差別化のポイントが、店づくりです。ストアコンセプトによって、来店する客層が変わりますし、同じ商品でも高く売れたり、安くても売れなかったりします。まずはどんな店にしたいか、ストアコンセプトを固めましょう。期待する顧客層を想定し、その顧客層が好み、自店の独自性も発揮できるコンセプトをまとめます。

店の役割は、店側からすると「売り場」ですが、顧客からすると「買い場」です。以下に気持ちよく買物をしてもらい再来店をしたくなる店づくりをするかは、ストアコンセプトにかかっています。

ストアコンセプトは、内外装や照明・BGM、品揃えだけでなく、店内レイアウト、接客方法やユニフォーム、営業日や開店時間、提供サービスまで、

多様な部分に影響を与えます。

（4）従業員の確保

　小売店では、防犯上の観点からも常時2名以上の従業員が店舗にいる必要
があります。接客技術や商品知識についての教育も重要です。

図表32-3　小売業（中小企業）の経営指標

（単位：千円または人）

	織物・衣服・身の回り品小売業		飲食料品小売業		無店舗小売業	
	法　人	個人事業	法　人	個人事業	法　人	個人事業
売上高	178,026	9,915	286,715	20,617	181,093	11,175
売上原価	96,009	5,427	201,801	14,002	115,885	6,862
売上総利益	82,016	4,489	84,914	6,615	65,208	4,313
販管費	78,096	3,495	81,748	5,041	63,258	3,387
人件費（労務費含む）	26,946	374	39,786	1,156	23,405	471
営業利益	3,920	994	3,166	1,574	1,950	927
経常利益	5,363	994	4,865	1,574	2,788	927
付加価値額（≒限界利益）	47,789	―	56,566	―	32,073	
従業員数	11	2	21	3	8	2
従業員1人当たり人件費	2,434	190	1,909	395	2,878	241

出所：中小企業庁「平成30年中小企業実態基本調査（平成29年度決算実績）確報」（https://www.chusho.meti.go.jp/koukai/chousa/kihon/）より筆者加工

（5）店内レイアウト

　店内レイアウトも、第一に顧客の入りやすさ、買いやすさを考慮した設計
が必要です。店頭のディスプレイで興味を引き、入口付近の目玉商品や特売
品で誘引して入店してもらい、さらに店奥まで回遊してもらえる構造にする

のが理想的です。それと同時に、ストックスペースや搬入についての従業員の動線や、防犯面も考慮し、適切なレイアウトに決定します。

(6) 品揃え

　品揃えには、幅と深さを組み合わせて考えます。幅（ラインともいう）は商品の種類、深さ（アイテム）は特定の商品のバリエーションのことです。アパレルであればTシャツ、カットソー、ジャケットなどの種類の豊富さが幅で、S、M、L、LLや白・紺・黒などのバリエーションが深さになります。専門店の場合は幅を絞り込んで深い品揃えを行う形になります。品揃えの豊富さと商品の回転率はトレードオフの関係になるので、適切な品揃えを行うことは非常に重要です。

(7) 商品の管理

　各商品がどれくらいの頻度で売れるかを把握するのは、欠品を防止しつつ無駄な在庫を置かないようにし、店舗の収益性を向上するための基本となります。年や月など一定期間に商品を何回売り切って仕入れるかの頻度を「回転率」といい、回転率を上げることは店舗経営の基本です。また、定期的な「棚卸」によって倉庫や店頭の在庫数を把握して、帳簿上の在庫数との相違がないかを確認することは、決算業務面だけでなく、商品の棄損や盗難などの把握・防止のためにも重要です。

　なお、初めて開店する場合には、最初に店頭に並べる初期在庫の仕入費用が必要となるため、注意が必要です。せっかく新しく開店したお店に来店してくれたお客様を、ガラガラの棚でがっかりさせないよう、量感をもった陳列が必要ですが、そのための運転資金を見込んでおく必要があります。

(8) 販促・プロモーション

　小売業の販促は、大きく分けて店外プロモーションと店頭プロモーション、店内（インストア）プロモーションに分けられます。店外プロモーショ

ンは、集客・来店促進のために行うもので、新聞折り込みチラシ、ポスティング、フリーペーパーや、駅や電車の中吊り広告、ロードサイドの看板などの交通広告、Web広告などがあり、目的買いを促します。

　店の前の通行人に働きかけるのが店頭プロモーションで、店の看板やウィンドーディスプレー、ポスター、特売品を並べるゴンドラなどがあります。

　店内プロモーションは、来店した顧客の購買意欲を高めるもので、商品のPOP、試食や実演販売、値引きやタイムサービスなど、特に衝動買いを促す効果があります。

　お店は、開店直後は最もお客さんが来ますが、目新しさが薄れる2年目に入ると、いったん客足が減少するのが通常です。つまり最初の半年が非常に重要で、一回来てくれたお客様をリピーター化できるかどうかが、お店の成否を握っています。魅力的なお店はリピーターが定期的に足を運び、その顧客がまた別のお客様を連れてきたりして、口コミによる顧客が増え始めます。そうすると、店は安定的な売上を上げることができるようになります。

■ 特殊な販売モデル

　小売では、商品の仕入と代金の支払いのタイミングの違いで、大きく3つの販売モデルに分けられます。

① 仕入販売

　　通常の仕入・販売形態です。仕入と同時に商品の所有権は店に移り、支払義務が発生しますので、仕入金額の支払いのほうが販売収入より先に発生し、その時間差による運転資金が発生します。

② 委託販売

　　百貨店などは、商品は店頭で売れるまで預かっているという方式をとり、店頭で売れた時点で仕入れたことにします。販売者としては、返品することができ仕入リスクがなくなるため、有利な形態です。雑誌・書籍については、特別に委託販売の形態が義務づけられています。

③　予約販売

　先に注文をもらってから、店に商品を仕入れて販売します。顧客からの入金が、仕入より前かそれと同時に発生するため、運転資金が発生しません。ただし店頭に商品がないため、販売できる商品は限定的になります。

図表 32-4　小売業の販売モデル

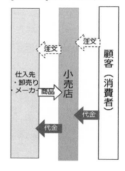

ノウハウ 33　業種別のビジネスモデルを理解する（2）
―サービス業

Question 33

サービス業のビジネスモデルとはどのようなものですか？

Answer 33

サービス業は、コストの大半を従業員人件費と店舗設備費用が占め、付加価値の大きいビジネスモデルです。また、サービス品質が従業員によって一定でないため、従業員のスキルと満足度を高めることが事業成功のカギとなります。

　サービス業は、現在の日本の産業別従事者数でも50％以上を占め、最も大きな業種となっています。戦後の経済と技術の発展のなか、製造工程や物流・販売が自動化され、製造業や卸売・小売業の付加価値が薄くなりました。その結果、人が直接価値を提供するサービス業が最も付加価値が高い業種として残り続け、特に都市部では、サービス業が主体となった産業構造になっ

図表 33-1　サービス業のビジネスモデル

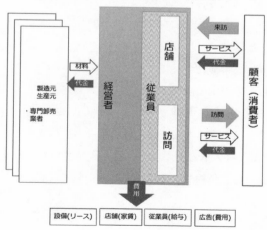

ています。

　サービス業は大きく、設備を提供する設備型サービス業と、娯楽や体験を
提供する人的サービス業に分けられます。また、個人や一般消費者を対象と
した一般サービス業と、企業を対象とした専門サービス業に分ける方法もあ
ります。

① **設備型サービス業**

　・宿泊業

　・運輸・倉庫業、運送業（バス、トラック、船、航空機）

　・レンタル・リース業

　・インフラ（電気、水道、ガス、鉄道、道路）

② **一般サービス業**

　・飲食業

　・不動産業

　・金融業

　・生活関連サービス（理容・美容、エステ、浴場ランドリー、クリーニ
　　ング、リネン）

　・娯楽・スポーツ（フィットネス）

　・旅行業（旅行代理店）

　・冠婚葬祭

③ **専門サービス業**

　・各種清掃、廃棄物処理

　・機械・自動車整備・修理、ガソリンスタンド

　・ビルメンテナンス、警備

　サービス業のコスト構造としては、材料費などの原価率としてはおおむね
10～20％程度で、コストの大半は人件費と設備費用となります。設備型以
外のサービス業は労働集約的な業種であり、一般的に利益率は高い傾向があ
ります。

図表 33-2 サービス業（中小企業）の経営指標

（単位：千円または人）

	洗濯・理容・美容・浴場業		宿泊業	専門サービス	
	法 人	個人事業	法 人	法 人	個人事業
売上高	92,315	5,685	171,594	80,481	27,888
売上原価	30,353	690	36,375	23,269	1,761
売上総利益	61,962	4,995	135,219	57,212	26,127
販管費	60,267	3,106	128,510	48,959	17,957
人件費（労務費含む）	34,879	876	49,376	34,236	7,269
営業利益	1,694	1,889	6,709	8,253	8,170
経常利益	2,853	1,889	7,373	10,816	8,170
付加価値額（≒限界利益）	48,776	—	80,906	52,385	
従業員数	15	2	22	7	4
従業員1人当たり人件費	2,311	439	2,262	4,761	1,940

出所：中小企業庁「平成30年中小企業実態基本調査（平成29年度決算実績）確報」（https://www.chusho.meti.go.jp/koukai/chousa/kihon/）より筆者加工

　サービス業のビジネスモデルの特徴を語るうえで、「サービス業の5つの特性」と「インターナルマーケティング」という2つのコンセプトは外せません。

■ サービス業の5つの特性

　通常の商品と比較した場合の「サービス」の特徴には、「無形性」「非均一性」「不可分性」「消滅性」「需要変動性」があり、商品販売よりも多くの制約を受けます。サービスは、店員（サービス員）が直接顧客に提供するものであるため、時間や場所が限定され、満足度が対応した店員によって変わります。また、席数や店員数で対応できる顧客数が決まってしまいます。これらの制約をクリアして、顧客の満足度を高めながら店舗の収益性を上げることが、サービス業の経営の要諦となります。

図表 33-3　サービス業の 5 つの特性

特　性	特　徴	課　題	対　策
無形性	見えない、購入前に確認できない	アピール、差別化が難しい	「見える化」する ・体験談、写真・動画 ・ブランド化、シンボル
非均一性	品質が人・場所・時間により変動する	サービスの提供効率にばらつき 顧客の不満／クレーム発生	・マニュアル化、教育 ・サービス品質で価格を変える
不可分性	生産と消費が同時に起こる、時間・距離が切り離せない	サービス員がいないと提供できない、移動しないと提供できない	・遠隔通信を使う（距離） ・ビデオを使う（時間）
消滅性	保存できない、蓄積できない	顧客の都合に合わせて店舗やサービス員を稼働させないといけない	【供給側の調整】 ・予約システム ・パートアルバイトの活用
需要変動性	需要が時期・時間で変動する	顧客が集中すると人、設備が不足 顧客が少ないと人、設備が遊ぶ	【需要側の調整】 ・混雑時値上げ、閑散時値下げ

■ インターナルマーケティング

　インターナルマーケティングとは、経営者や店長など経営陣が、従業員（店員、サービス員）を「お客様」と見て、従業員満足度を高めることで、間接的に顧客満足度を高める活動のことをいいます。

　サービス業は、従業員と顧客の密接な接客の中から満足が生まれるため、まずは従業員自身に不平不満があると、よいサービスが提供できません。そのため、顧客へのマーケティング活動と並行して、従業員に対するマーケティング活動にも力を入れるという考え方です。

　従業員へのマーケティング活動では、従業員の不満やニーズを把握し、それらを解決したり満たしたりする施策を実施していきます。従業員の不満やニーズは、単に時給を上げてほしい、休みが欲しい、労働環境を快適にしてほしいといったものだけではなく、仕事を通して学習したい、成長したい、出世したい、新しいことにチャレンジしたいといったものもあります。当然、

従業員それぞれで求めるものは異なりますので、それぞれの期待に合った施策を提供し、それぞれが仕事に集中できる環境をつくり、ひいては顧客へのサービスの質が高まることを狙います。

　インターナルマーケティングは、従業員の離職防止にも有効です。サービス業では質の高いサービスを提供できるまで教育期間がかかるうえ、従業員に顧客がつく傾向があり、従業員の退職がそのまま顧客離れにつながることも多いため、従業員の定着率を高めることが経営上非常に重要です。

　サービス業の留意点には、以下のようなものがあります。

①　流行り廃りのサイクルが早い

　一般にサービス業は新規参入の障壁が低く、真似されやすいという特徴があります。あるサービスが流行り出すと、いっぺんに同業他社が増えてしまい競争過剰になることもしばしばです。一般消費者向けのサービスだと、真似をすることも比較的容易です。新しいコンセプトのサービスを始める場合は、サービスの名称など商標を押さえながら積極的に知名度を上げて、自社が「元祖」「オリジナル」であり、品質が最も高いことをアピールする必要があります。

　ただし、企業向け（BtoB）のサービスについては消費者向けサービスと反対に、専門性も高く情報流出もあまりないため、真似されにくく差別化が比較的容易です。

②　習慣性をうまく使ってリピーターを増やす

　サービスの多くは習慣性があり、気に入ったサービスは定期的に利用するようになります。また、顔見知りの店や店員ができると、あまり変わりたくなくなるのも特徴です。このような特徴を生かして、指名制を導入したり、DMやSNSなどで「そろそろ来たくなるころ」を見計らって、来店を促す案内を送ったりすることも有効です。また、新しい店や店員に不安を感じるため、紹介制度などを設けて、知り合いからの口コミを促進するのも効果的

です。

③ 需要の平均化・平準化に注力する

サービス業は、顧客が少なすぎる場合はもちろん、想定以上に多くても収益が落ちます。客足が多すぎると、最大需要量に応じて設備数も店員数も確保しなければならないため、閑散期に人と設備が遊んでしまいます。これらのランニングコストは固定費であるため、無駄なコストになってしまいます。

また、客数が多すぎると1人当たりの接客時間が短くならざるを得ないため、顧客の不満が高まり得意客が離れるリスクが高まります。

そのために、予約制を導入して顧客数を一定の数に抑えたり、閑散時の価格を下げ繁忙時は上げて、顧客を誘導して来店客数を平準化します。

従業員のスキルを上げたり機械設備で一部の作業を機械にやらせることで、1人の従業員がいろいろなことができるようにして、人員の増加を抑える方法も有効です。LLC（ローコストの航空会社）で、パーサーやアテンダントが着陸後に清掃まで行ったりするのが一例です。

ノウハウ34　業種別のビジネスモデルを理解する（3）
―飲食業

Question 34

飲食業のビジネスモデルとはどのようなものですか？

Answer 34

立地と客層に合わせた、仕入（材料費）、調理の手間、座席の回転率、営業時間、内装と雰囲気、メニュー構成などの最適なバランスが重要です。

　飲食店はサービス業の一形態ですが、個人での創業形態としては非常に一般的なため、個別に取り上げます。

　飲食店は第1章で取り上げましたが、「高開業率・高廃業率」が特徴の業界です。小さな店舗から始めることができ、それほど大きな設備投資も必要なく、季節・日時を問わず一定の需要が見込めるために、参入しやすいといえます。しかしその半面、流行り廃りも激しく真似されやすいため、非常に競争も激しい業界です。それでも、流行を先取りすれば急拡大ができる業種ですし、サービス業同様習慣性があるため、定番メニューでも固定客がつけば安定した経営がしやすい業態です。

　飲食店の魅力は、小さな個店であってもストアコンセプトと料理の腕次第で、大規模チェーン店と互角またはそれ以上に戦えることでしょう。そのため、顧客ニーズに合ったストアコンセプトの店にすることが重要となります。飲食店には朝食・ランチ・喫茶・夕食・お酒といった食事の時間についてのニーズのほか、個食、家族連れ、カップル、仕事仲間といった人数に応じた用途、さらに忙しいときには定番のものを、逆に時間のあるときには変わったものを食べたい、といった心理的な要素など、いろいろなニーズがあります。自店がどのような顧客層のどんなニーズを中心に満たすのかを明確にすることが、重要になります。喫煙席を設けて忙しいサラリーマンが商談の話をするカフェで、ショッピング帰りの女性グループを集客するというの

図表 34-1　飲食店（中小企業）の経営指標

(単位：千円または人)

	飲　食　店	
	法　人	個人事業
売上高	112,801	11,828
売上原価	46,881	4,825
売上総利益	65,921	7,003
販管費	64,339	5,170
人件費（労務費含む）	37,817	1,502
営業利益	1,582	1,833
経常利益	2,275	1,833
付加価値額（≒限界利益）	51,662	―
従業員数	22	3
従業員1人当たり人件費	1,718	437

出所：中小企業庁「平成30年中小企業実態基本調査（平成29年
度決算実績）確報」（https://www.chusho.meti.go.jp/koukai
/chousa/kihon/）より筆者加工

は、無理があるということです。

　ストアコンセプトとターゲット顧客層と店の立地は密接に関係しますの
で、慎重に決めましょう。

　チェーン店などの競争の激しい地域に出店するのであれば、個性のない店
は埋もれてしまい利用されないため、どの顧客層のどのニーズに特化するか
を明確にして尖ったコンセプトの店づくりをする必要があります。一方で、
地方のロードサイドなど競争が少なく立地で勝負する場合は、ある程度個性
をアピールしつつも、定番メニューを広く提供して広い顧客層をつかまえる
ほうがよいでしょう。

　経営効率から飲食店を見た場合、小売業よりも原価率が低く、サービス業
より人件費率を低くできるため、経営の裁量範囲が大きいといえます。顧客
数を絞って立地にこだわり、接待とデート需要の高価格の店にすることもで
きますし、思い切り価格を下げてコスパ抜群の定食屋にすることもできます。

そのような多様な飲食店を経営の観点から共通の考え方でとらえる指標として、売上・粗利益率・客単価といった一般的な指標に加えて、顧客の回転率、FL比率、FD比率などがあります。

顧客の回転率は、1席に1日何人が利用するかの指標です。20席の店で1日200人が来店すれば10回転となります。スペースが遊んでしまっては家賃を回収できず、すぐに経営が行き詰まりますので、一定の回転率を維持することが必須です。1席当たりの専有面積はおおむね一定のため、1席当たりの回転率はその店が家賃を回収できるかの共通指標として便利です。ベテランの飲食店経営者になると、飲食店の出店予定場所と店舗面積、予定客単価を聞けば、家賃相場から1席当たりの必要回転率がわかるといいます。

■ 飲食店の開業に必要となる許認可

飲食店の開業にあたっては、許認可が必要です。飲食店営業許可（または喫茶店営業許可）を保健所からとらないといけません。喫茶店営業許可は、店内で調理しないなど、提供できるフードに制限があります。「飲食店営業許可」を受けるには、①食品衛生責任者の資格を持った人を店に1人以上置くこと、②都道府県ごとに定められた基準に合致した施設で営業をすること、が要件となります。

①は最低限の衛生管理の知識を身につけるためのもので、1日程度の講習を受けることでクリアできます。②は店ごとに認可が必要となりますので、物件の改装前から保健所に相談して進めておかないと必要設備不足で認可がおりず、あわてることになりますので、注意しましょう。居抜き（物件を借りるときに同業態の店が空いた場所を借りる）の場合であっても認可は取り直しが必要です。

また、深夜0時以降にお酒を提供する店は、深夜酒類提供飲食店営業許可をとる必要があります。こちらは保健所ではなく、警察署の認可となります。

■ FL 比率と FD 比率

FL 比率は Food Labor 比率のことで、食材費と従業員の人件費の合計が売上高に占める割合です。通常平均が 55 ～ 65%といわれています。

売上高から FL 比率を除いた残りの 35 ～ 45%で固定的支出（家賃や販促、減価償却費など）をカバーする必要があり、それらを差し引いた残りが利益となるため、FL 比率をいかに抑えるかは飲食店経営のポイントとなります。なお Food（食材費）の比率は一般的に 3 割以内が目安といわれています。

FD 比率は、Food Drink 比率のことで、売上高に占めるフード（料理）とドリンクの比率を示します。一般的に、居酒屋では 6：4、カフェでは 2：8 程度といわれています。

ドリンクは一般的にフードよりも原価率が低く、提供も容易で廃棄も少ないため、ドリンクの比率が高いほうが経営的には有利となります。ただし、ドリンクの種類によっても原価率が変わるため、それらも加味して収益性の管理を行いましょう。ソフトドリンクは原価率が低くビールは高めです。業態によっては、ドリンクバーにして提供の手間を減らし、集客を増やし人件費率を下げたほうが有利なため、お酒を提供しないファミリーレストランではドリンクバーが多用されています。

■ 飲食店の開業プランを計算してみよう

① 飲食店を開くことになった。原価率（食材費比率）30%、FL 比率 55%を目標にすると、パート・アルバイトは何人雇えて、必要な客数はどれくらいか？　ただし、以下の条件とする。

・店舗の条件：坪単価 2 万円、店舗面積 10 坪（キッチン・バックヤード 3 坪/客席 7 坪、30 席）＝家賃 20 万円/月

・役員報酬：20 万円/月、パート賃金 8 万円/月、雑費（水道光熱費など）5 万円/月、広告宣伝費 5 万円/月

・客単価　800 円　1 ヵ月の営業日数　25 日

①人件費を除く固定費＝最低必要な利益（人件費除く粗利）額＝家賃＋雑費＋広告費＝
（　　）万円/月
　　＝ 20 万＋ 5 万＋ 5 万＝ 30 万円/月

②必要な売上額（1 ヵ月）＝①必要利益（人件費除く粗利）÷（1 － FL 比率）＝（　　）万円
　 FL 比率 55%だから必要売上＝ 30 ÷（100 － 55）%＝ 66.6 万円/月

③人件費額＝②売上×人件費率＝売上×（FL 比率－原価率）＝（　　）万円/月
　 人件費は 55% － 30%＝（売上の）25%が人件費＝ 66.6 万円/月× 0.25 ＝ 16.6 万円/月

④パート・アルバイトの人数＝③人件費額÷ 8 万円/月＝（　　）人
　 16.6 万円/月÷ 8 万円/月＝約 2 人

⑤必要な客数（1 ヵ月、1 週間）＝②必要売上÷客単価＝（　　）人/月＝（　　）人/日
　 66.6 万円/月÷ 0.08 万円＝ 832.5 人/月、832.5 人/月÷ 25 日＝ 33.3 人/日

⑥ 1 席当たり回転率（1 日の）＝⑤客数÷席数＝（　　）回転
　 1 席当たり回転率＝ 33.3 人/日÷ 30 席＝約 1 回転

②　開店費用（初期投資）600 万円を 5 年で回収するとすると、目標客数と
　 1 席当たり回転率は？

⑦ 1 ヵ月当たり目標利益　600 万円÷ 5 年÷ 12 月＝（ 10 ）万円

①'最低必要な利益（人件費除く粗利）額＝最低必要な利益（固定費）＋目標利益＝
（ 40 ）万円/月

②'必要な売上高＝①'÷（100 － 55）%＝（ 88.9 ）万円/月

⑤'必要客数②'÷客単価＝（ 1,111 ）人/月＝（ 44 ）人/日

⑥' 1 席当たり回転率＝④÷ 30 席＝（ 1.5 ）回転

Question 35

情報サービス業（IT）のビジネスモデルと、成功のポイントは、どのようなものですか？

Answer 35

基本的に「人が資産」の業界です。独創性のある事業アイデアとそれを素早く事業化できるスピードが重要で、多額の先行投資は不要です。また、ネットワーク効果が強く働く業界であり、いち早くトップシェアと業界標準の地位を獲得できるかがビジネスの成否を握ります。

情報サービス（IT）業界の魅力は、少ない資金で起業でき、アイデア次第で短期間で大成功できる点でしょう。現にIT業界からは多くのベンチャー企業が生まれています。最近では、海外ならUber（タクシー）やAirBnB（民泊）などが急成長しましたし、国内ではメルカリ（フリーマーケット）が成

図表 35-1　多様な情報サービス（IT）業

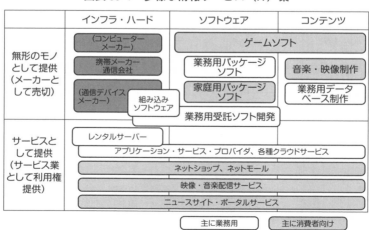

功しました。また、腕や技術があればパソコンひとつで起業でき、時間や場所を問わずに仕事ができるため、フリーランスや自由な働き方をしたいプロフェッショナルにも向いています。

IT業界は、インフラサービス企業やハードメーカーなどの一部を除いて、高価な工場や設備、店舗を準備する必要はありません。モノではなく無形のものを流通させるため、輸送コストもほぼゼロにできます。人件費以外のコストがかからないため、一般的には付加価値が高く、利益率も高いという有利な点があります。

また、技術のオープン化が進んで、創業者は、製品・サービスの一部を開発して、残りは既存の製品・サービスを利用できるため、短期間・低コストで製品開発が可能です。

コストの多くを人件費が占め、それ以外のコストが小さいということは、

図表35-2　情報サービス業（中小企業）の経営指標

（単位：千円または人）

	情報サービス業	インターネット附随サービス業	映像・音声・文字情報制作業	
	法　人	法　人	法　人	個人事業
売上高	210,849	217,443	283,561	8,885
売上原価	106,815	102,640	162,307	2,176
売上総利益	104,034	114,804	121,254	6,709
販管費	92,504	100,576	110,772	4,721
人件費（労務費含む）	87,190	61,366	83,807	1,113
営業利益	11,530	14,228	10,482	1,988
経常利益	12,801	14,804	13,604	1,988
付加価値額（≒限界利益）	109,983	87,943	112,152	―
従業員数	19	13	15	3
従業員1人当たり人件費	4,579	4,735	5,540	361

出所：中小企業庁「平成30年中小企業実態基本調査（平成29年度決算実績）確報」（https://www.chusho.meti.go.jp/koukai/chousa/kihon/）より筆者加工

市場参入が容易な一方で、市場競争も激しいということになります。優秀な人材の確保と、事業に役立つ人的ネットワークの構築が企業の強みに直結し、既存の大企業であっても、優秀な人材と優れたアイデアを持つ少人数のベンチャー企業に負けてしまうことがあるというダイナミックさがあります。後述のネットワーク効果もあり、トップシェアの企業以外は淘汰されて生き残りが難しいという、厳しい業界でもあります。

　なお、一口にIT業界といっても、①インフラ提供（ハードや通信設備の製造および提供）は設備型産業の色合いが濃く、②ソフトウェア提供（プログラムやオリジナルコンテンツの開発）は知識集約型産業、③データ処理（データの収集、加工）は労働集約型産業であり、全く収益モデルが異なるため、注意が必要です。特に③のデータ処理の分野は、RPA（Robotic Process Automation）をはじめとするAI（人工知能）技術の発展により大幅に自動化・無人化が進むと思われます。

■ ネットワーク効果

　ネットワーク効果とは、ネットワーク外部性ともいい、製品やサービスの価値や便益が利用者数に依存することをいいます。特に情報技術やコミュニケーション技術の分野でよく見られる現象で、利便性の高いトップシェアの製品・サービスにユーザーが集まり、それがますます製品・サービスの魅力を高めてシェアがさらに大きくなり、事実上の業界標準（デファクトスタンダード）となり盤石な地位を築くことをいいます。

　ネットワーク効果が発生する原因はいくつかあり、①送り手と受け手の両者が同じ製品や道具を使わないとサービスが利用できなかったり高くつくケース（銀行のATM、携帯電話、パソコンのOS）、②その製品で動作し、サードパーティ（第三者）が提供する各種オプションやソフト、コンテンツの多さが製品の魅力につながるケース（ゲームやスマホアプリ、インターネットモール、車や携帯のアクセサリなど）などがあります。

　古くはビデオの録画方式で、互換性のない2つの方式である、VHS方式陣営とベータ方式陣営に分かれて標準を争い、技術的に優位とされたベータ方式が仲間づくりに失敗し、VHS陣営に駆逐された例があります。スマートフォンの世界ではアップルとアンドロイド陣営が、国内のインターネットモールの世界ではアマゾンと楽天が激しいトップ争いを繰り広げています。今後、キャッシュレス決済の支払方式や、電気自動車の充電方式なども、ネットワーク効果が働く業界であるため、デファクトスタンダードを勝ち取るためのトップシェア争いが一層激化するものと思われます。

■ 特殊なビジネスモデル

　IT業界では、新しい革新的なビジネスモデルが日々生まれています。最近では、定額・月額（年額）払いであるサブスクリプション（購読型契約モデル）は、携帯電話や音楽配信から始まりソフトウェアなどに広がり、最近ではIT以外の自動車や美容院などにも広がりを見せています。なお、これらの新しいビジネスモデルは、購入者・費用の支払者と、利用者や受益者が異なるケースもあり、ビジネスの難易度が高まります。

図表35-3　サービス業のビジネスモデル

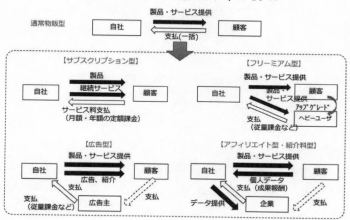

ノウハウ36　業種別のビジネスモデルを理解する（5）　　—製造業・ものづくり企業

Question 36

製造業やものづくり企業のビジネスモデルは、どのようなものですか？

Answer 36

製造業は、独創性のある製品を、量産によりコストダウンして収益を確保するのが要諦となります。継続的な製品開発・改良を行う技術力と、生産設備（工場）や在庫に先行投資して、それを製品販売によって回収するので、製造したものを売り切る販売力も重要となります。

製造業というと、皆さんの身の回りにある衣食住を支える多様な製品を作る会社を想像されると思いますが、実際には企業活動を支える各種設備や備品など事業用途の製品の市場も非常に大きく、またそれらの部品や原材料を作るメーカーも数多く、非常にすそ野の広い業界構造となっています。

ものを作れば売れた高度成長期には、国内でも数多くのメーカーが創業され、その一部は世界的メーカーにまで成長しました。中小製造メーカーは、その多くが1960年代から90年代までの日本経済の成長期に生まれたもので、メーカーで働いている技術者が銀行からお金を借りて工場と設備を入手して事業を立ち上げるのも比較的容易でした。その後、日本の製造業がこぞって製造コストの上昇と貿易摩擦の回避のために海外に移転するようになってからは、国内での製造業の需要は縮小し、製造業での起業が難しくなった時代がしばらく続きました。

しかし2010年代になって、デジタル技術が新しいものづくりの潮流を生み出しつつあることで、再度製造業（ものづくり）での起業が注目されています。また、最近ではファブレス企業（自社で製造設備や工場を持たず、企画・設計と販売・サポートのみ）も増え、中国の深圳などの海外のEMS（＝Electronics Manufacturing Service、主に電子部品や電気製品を受託設計・

■ 148 ■

図表36-1　製造業（中小企業）の経営指標

（単位：千円または人）

	食料品製造業	繊維工業 （含むアパレル）	電気機械 器具製造業
	法　人	法　人	法　人
売上高	581,861	284,663	496,901
売上原価	446,549	218,762	392,807
売上総利益	135,312	65,901	104,094
販管費	122,683	59,851	80,190
人件費（労務費含む）	106,322	68,148	118,551
営業利益	12,629	6,050	23,904
経常利益	16,473	8,780	26,427
付加価値額（≒限界利益）	145,530	90,440	159,451
従業員数	38	19	27
従業員1人当たり人件費	2,813	3,570	4,376

出所：中小企業庁「平成30年中小企業実態基本調査（平成29年度決算実績）確報」（https://www.chusho.meti.go.jp/koukai/chousa/kihon/）より筆者加工

製造する企業）と協力して、身軽に製品を企画・開発・販売するものづくり企業も増えています。

（1）製造業の種類とビジネスモデルの特徴

製造業は、大きく分けて、製造方法面から①組立製造業と②プロセス製造業、受注形態から③見込生産と④受注生産、用途面から⑤消費財（一般消費者向け）と⑥生産財（企業の事業用途向け）に分けられ、それぞれ留意点が異なります。

1つの製品を1社だけで作ることはできないため、製造業は原料メーカー、部品部材メーカー、製品メーカーという分業で成り立っています。

下流のメーカーは、作る製品の性能や品質が、上流の原料・部品・部材の良し悪しで決まるため、調達先の探索・選定も起業を成功させるための重要な検討事項となります。単なる購買先を選ぶのではなく、製品開発・製品製

図表 36-2　製造業の分類

	組立製造業	プロセス製造業
製造方法別区分	・電気製品、自動車などの機械、光学・医療などの精密機器など ・部品や部材の組み立てで製品を作る （利点）　生産設備は比較的少なくて済み、ファブレス製造業も可能。 （欠点）　調達、購買や部品の品質管理に手間がかかる。	・加工食品・薬品類や紙・ガラス・木材・金属・布など ・原材料の加工で製品を作る （利点）　多様な用途があり需要が安定している。 （欠点）　一般に、大規模な生産設備が必要。
	見込生産	受注生産
受注形態別区分	・販売量を見込んで製造し、在庫を持ちながら販売する。 （利点）　受注後即納できる。まとめて生産するのでコストが下がる。 （欠点）　在庫の保管・維持費用がかかる。売れ残りリスクがある。	・注文を受けてから生産する。 （利点）　在庫を持たず、売れ残りリスクもない。 （欠点）　即納できず、納品までに時間がかかるため、販売機会を逃す可能性がある。生産コストが高めになる。
	消　費　財	生　産　財
用途別区分	・定番品、普及品は薄利多売のモデルになる。 ・需要が流行に左右されることも多い。 （利点）　消費者視点での商品開発は比較的容易である。 （欠点）　販売は小売店を通すことになり、流通マージンを取られる。売り手や売場の確保が難しい。ネットや通販の場合は物流コストや代金回収コストがかかる。	・消費ではなく投資であるため金額が大きい。 ・使用期間中、保守やメンテナンスなども必要になることが多い。 （利点）　需要が大きく、高単価・高額受注できる。 （欠点）　購入・決済プロセスが複雑で、販売に時間と手間がかかる。

造のパートナーを選定するつもりで、信頼できる企業を探さなければなりません。

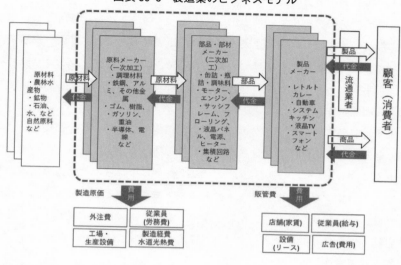

図表 36-3　製造業のビジネスモデル

(2) ものづくりによる起業のプロセス

　もしあなたが、おもしろい製品のアイデアを思いつき、それを商品化して販売することで起業したいと思ったら、まず何をすればよいでしょうか。

　一般的には、ものづくりにおける製品開発のプロセスは、おおむね以下のようなステップになります。

図表 36-4　製品開発のプロセス

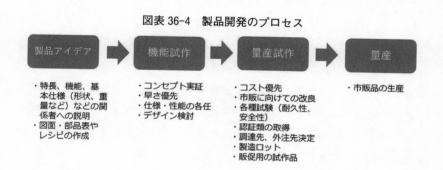

① 製品アイデアの具体化

製品のアイデアをまずは具体化し、仕様（スペック）として落とし込みます。製品の仕様は、組立製造業の場合は、仕様書・図面・部材表（部品表）としてまとめられます。プロセス製造業の場合は、仕様書・レシピ（原材料と加工手順）としてまとめられます。

② 機能試作

まず、製品アイデアをカタチにします。想定した仕様のものが技術的に製作できるのか、実際にワンショットでものを作ってみます（試作品またはプロトタイプ）。試作してみることで、機械類であれば思った動作をするかどうか、アパレルであればデザインや素材感、耐久性など、食品であれば味や見かけ、成分バランスなどを検証します。この時点で一部の見込み客や流通業者に見てもらって、フィードバックをもらいます。

③ 量産試作

技術面での実現性がクリアされ、見込み客からのフィードバックも良好であれば、量産試作を行います。この段階では、以下のような項目について、検討改良を行います。

1）コストダウン

想定販売価格に生産コストを収めて十分な利益が確保できるよう、コストダウンのために仕様・図面・部材表を見直します。

10部品からなる製品を10,000個量産すると、各部品が1円違うだけで10万円の部品・部材コストの差が出ます。海外製の部品の採用なども視野に入れて、安価で高品質な部品・部材を調達します。購入量（ロット）によって価格が変わるケースが多いので、生産量も考慮しながら検討します。

また、量産では金型を使って行うことが多いため、金型の設計・製作が必要となります。部品形状によって金型の費用も大きく変わるため、金型の最適化に合わせた変更も必要です。

2）流通しやすさ、売りやすさを考慮した見直し

流通・販売段階ではパッケージングが重要になります。スーパーで販売す

る商品であれば、スーパーの棚のサイズに合わせる必要があります。商品名をどちらの面に印刷するかなどの細かい点で売れ行きが大きく変わります。家具類であれば、日本の家具の標準寸法に合わせないと販売しづらくなります。パッケージには、想定される流通方法に合わせて、中の商品が壊れたり腐ったりしないように守る役目も持たせなければなりません。

3）品質検査、各種認証の取得

　製品の中には、各種認証・認定を取得しなければ、流通販売できないものがあります。量産試作の最終段階では、これらの認証取得を行います。また機械であれば、防水性、耐衝撃性、耐振動性など、食品であれば賞味期限・消費期限などの品質・性能試験を行って、最終製品としての確定仕様を決定します。

　④　量産

　量産試作ですべての課題をクリアしたら、販売開始スケジュールを確定し量産を開始します。量産開始時には初期不良なども出やすいので、品質管理や不良品への対応も留意しながら進めます。

　上記のように、1つの製品を世の中に出すのには多くの手間と時間が必要です。大変ですが、それだけに自分が企画設計した製品が世に出たときの喜びはひとしおです。

　なお、この①〜③までのプロセスは一方通行ではなく、要求性能を満たさなければ基本機能を見直したり、コストダウンのためにレシピや部品構成を見直したりするため、上流に戻ったりしながら進めます。

■ デジタルものづくり

　デジタルものづくりとは、近年の3D-CAD、3Dプリンティング・3Dスキャナー、VR（バーチャルリアリティ）などのデジタル設計加工技術や、Raspberry PiなどのシングルボードコンピュータやArduinoなどのワンボードマイコンを活用した、最新のデジタル技術によるものづくりの取組みの総称

です。

　従来型のものづくり（アナログのものづくり）は、機械加工や基板加工など独特な製造加工技術のノウハウに守られた世界であり、それらの設計加工経験を持たない人が電気電子機器や機械装置などを開発製造することは困難でした。2000年代に入り、コンピュータや各種デジタル機器が特許切れなどの要因で低価格化・汎用化したことと、デジタル空間で設計したりシミュレーションしたものをそのまま動くものとして形にできるようになったため、起業家やスタートアップ企業が容易に新製品を試作開発することができるようになりました。

　また、それらのデジタル機器を時間貸しなどで自由に使えるようした、デジタル工房も日本各地につくられており、ものづくりの敷居は大幅に下がりました（「ノウハウ19　起業に適した場所選び」参照）。

図表36-5　デジタル加工のための4種の神器

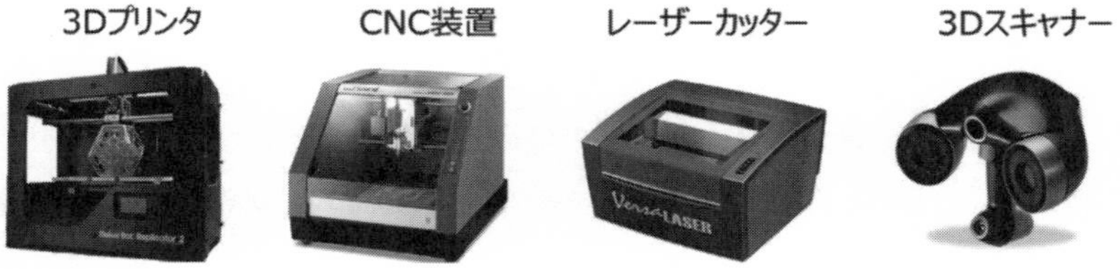

| 3Dプリンタ | CNC装置 | レーザーカッター | 3Dスキャナー |

■ 規模の利益と経験曲線

　「規模の利益」とは、生産量を増やすほど、1個当たりの生産コストが減少することを指します。製品の生産にかかるコストの一部には、先行投資として設備購入にかかる費用（固定費）がありますが、この先行投資は製品を販売することによって回収しなければなりません。生産量が増えて販売量が増加するほど、製品1個当たりで回収しなければならない先行投資費用は減少するため、製品の製造コスト（製造原価）は低減し、収益性が上がります。規模の利益は、設備投資型の産業で大きく影響します。

「経験曲線」とは、製品の組立作業のような繰り返し作業において、作業が習熟することで、作業スピードが上がり、作業の失敗が減り不良率も下がって、作業の生産性が向上しコストダウンが図れることをいいます。経験曲線は、労働集約的な産業で強く影響します。

一般に、製造業ではこの「規模の利益」と「経験曲線」が大きく働くため、生産量を増やしたほうがコスト面では有利となります。

■ 製造業で知っておくべき各種法規制

ものづくり業界では、消費者保護の観点から、特別な性能試験や仕様表が義務づけられています。

ご自身が扱う商品には、どのような法規制があるのかを調査し適合させなければなりません。まずは類似製品のラベルや使用説明書等を見て、どのような法規制に対応しているかを確認し、各法規制を管理している団体等に問い合わせるなどの対応が必要となります。これら法規制のほかに、各種団体が管理している規格もあります。ここでは、代表的な法規制についてご紹介します。

① 食品表示法

食品を摂取する際の安全性及び一般消費者の自主的かつ合理的な食品選択の機会を確保するための、食品の表示に関する包括的かつ一元的な制度です。この法令に応じて、食品には、名称、賞味・消費期限、保存方法、遺伝子組換え、製造者名等の表示に加え、主要栄養成分（タンパク質〇〇g等）を記載しなければなりません。

② 製造物責任法（PL法）

製品の欠陥によって生命・身体又は財産に被害をこうむったことを証明した場合に、被害者が製造会社などに対して損害賠償を求めることができることとした民事ルールです。民法では相手側の「故意・過失」を証明する必要がありますが、PL法では製品の「欠陥」を証明すればよく、消費者の立証責任はPL法のほうが軽いといえます。1つの例として、米国で、猫が死ん

でしまったのは、電子レンジの使用説明書に、「動物を入れないでください」という注意書きがなかったせいだ、と訴訟になったとの逸話があります。人の安全に関わる製品を製造する場合、PL法による訴訟リスクを減らすため、PL保険に加入しましょう。

③ 電気用品安全法（PSE）

販売事業者は、電気用品安全法の規定に基づきPSEマークの付されたものでなければ、電気用品を販売または販売の目的で陳列してはならない、とされています。

このため、販売事業者は、自ら販売する電気用品について、決められた仕様や性能を満たす必要があります。なお、すべての電気用品が当てはまるわけではないので、ご自身の商品が電気用品の対象商品に当てはまるかどうかを確認する必要があります。

④ 消費生活用製品安全法（PSC）

消費生活用製品による一般消費者の生命または身体に対する危害の発生の防止を図るため、特定製品の製造及び販売を規制するとともに、特定保守製品の適切な保守を促進し、併せて製品事故に関する情報の収集及び提供等の措置を講じ、一般消費者の利益を保護することを目的とした法律です。対象となる消費生活用製品とは、一般消費者の生活の用に供される製品をいいます。

ノウハウ 37　他社と連携したビジネスモデルを考える

Question 37

うまく他社と連携してリソースやノウハウを借りながらビジネスをスムーズに立ち上げたいと思います。どのような考え方がありますか？

Answer 37

他者との連携には、①自社の製品やサービスを販売・配送してもらう（販売先）、②一部の業務を代行してもらう（外注、委託先）、③知的資産・無形資産を提供してもらう（ライセンス提供）、などがあります。

創業の相談を受けていると、すべてのことを自社で行おうとして経営者が手一杯になってしまっているケースが多いようです。そもそも、一企業が単体ですべての業務を行うことはあり得ないため、起業する場合は、当初からどんな企業と連携を結びながら事業展開を行うかを描きながら進める必要があり、ここがビジネスモデルを考える要諦でもあります。スタートアップ事業が、既存企業や大手企業に勝るのは何といっても経営のスピードであり、それぞれが「餅は餅屋」に徹することで、事業を迅速に展開することが肝要です。幸いにして志を同じくする企業と深い連携を結べた場合は、いろいろな助言やアドバイスをもらえ困ったときに助けてくれる、心強いビジネスパートナーともなれます。

他社との連携には、①事業立上げの時間を短縮できる、②多くの場合コストを下げることができる、③連携先が持つ人的・情報的ネットワークを借りることができる、④資金の支払いや入金のタイミングをずらすことで資金繰りを楽にできる、⑤自社で行うことの多様なリスクをシェアしてもらえる、⑥パートナー企業が大企業・有名企業の場合、第三者に対する信用が高まるなど、大きなメリットがあります（資金面のパートナーについての説明は、ここでは割愛します）。

他社との連携はメリットが大きいとはいえ、相手が自社よりも大きい場

合、「ひさしを貸して母屋を取られ」、ビジネスの利益を持っていかれてしまうようなケースも数多くあるため、重要情報は漏らさないよう秘匿するなどして、自社の権益をしっかり守るようにしましょう。

　ここでは自社を中心とした連携・提携の形について説明します。

①　自社の製品やサービスを販売・配送してもらう（販売先）

　創業当初は、販売ネットワークが充実していないため、外部の会社に販売を依頼するケースも多いです。また、販売地域が遠方や海外で物理的・法務的に自社での販売が難しかったり、顧客への製品説明や販売後の保守サービスに手間がかかるため、販売サービスを行えるパートナーが必要になるケースもあります。独占的な販売権を与えると相手の販売意欲が高まりますが、契約終了の場合に顧客を持っていかれるリスクが高まりますので、条件は慎重に検討します。

名　称	概　　要
販売店 （販売代理店） 契約	製品やサービスを自社の代わりに販売してもらいます。独占販売権（総代理店契約）を与えるか、再販許可（2次店に販売することを許可するか）、競合品の取り扱いを許可するか、最低販売数量を決めるか、など多様な条件があります。
代理店 （エージェント） 契約	代理店は商品の紹介・営業活動を行いますが、取引行為は自社とエンドユーザーが直接行い、代金の請求・回収責任や、販売者としての責任・リスクは自社に保持されたままです。販売した場合に販売手数料を支払います。リベート、キックバック（報奨金）などを販売実績に応じて提供することも多いです。
OEM契約による提供 （Original Equipment Manufacturer）	OEMは「相手先ブランドによる製造」といいますが、自社の名前を出さずに、OEM先の製品として製品の製造と提供を行う形態です。自社が製造を担当して相手先に販売してもらうケースと自社が販売を行って相手先から製造・供給を受けるケースがあり得ます。業界ごとに慣例的な使われ方をしており、自動車業界ではいわゆるトヨタ、ホンダなどのブランドメーカーのことをOEMと呼びます。アパレルでは、ファッションブランドに商品提供することをOEMと呼びます。

②　一部の業務を代行してもらう（外注、委託先）

建設業、IT業、アパレル業、物流業など、他社に業務委託を行い、業務の一部に組み込むのが当たり前の業種も多くあります。また、戦略的にアウトソーシングを行い、自社は得意分野や付加価値の高い業務に特化することで、小さいながらも高い収益性を上げる企業もあります。

名　称	概　要
業務委託 （請負、委任）	ある業務を他社に依頼するものです。 個別に成果物を約束するもの（専門サービス業や建設作業）を請負契約、成果物は約束せず、業務内容のみ決めて回数や時間ベースでお金を支払うものを、委任と呼んでいます。（法律的には「委任」は他人の法律行為を代行することをいい、法律行為以外で業務を委任することを「準委任」と呼んでいます。IT業界などでよく使われます。）
製造委託	自社が製造のノウハウや設備がない場合に、設計した製品の製造を、外部の製造業者や工場に依頼することです。 生産設計を含めて製造プロセスすべてをアウトソース化し、自社は企画・基本設計と販売・マーケティングに徹するものを「ファブレス企業」といいます。 ※アパレルのような製造委託が当たり前の業界では、逆に自社で製造を手がける企業が、OEMに対してSPA（Specialty store retailer of Private label apparel）、つまり製造小売と呼ばれたりします。
アウトソース	主に企業のコア業務以外の総務・購買・会計・労務といった業務を丸ごと代行するものをBPO（Business Process Outsourcing）サービスといいます。

③　知的財産・無形資産を提供してもらう（ライセンス提供）

自社が知的財産を供与するケースでは、提携先の企業に無断使用されないように気をつける必要があります。他社の知的財産を利用させてもらう場合は、契約に付随する制限事項に不利なものがないかを確認しましょう。フランチャイズに加盟して創業する場合は、経営ノウハウ一式を本部が提供してくれるので開業リスクが低いですが、前払いの加入料が高すぎるなど、加盟店が極端に不利な内容になっていないか、注意する必要があります。

名　　称	概　　　　要
ライセンス契約	他人が持つ権利（特許、発明、商標などのブランド、ソフトウェア・キャラクターなどの著作権）を利用させてもらう契約です。独占的に利用させてもらう場合（独占実施権）とそうでない場合（通常実施権）があります。 ソフトウェアの場合は特に「使用権許諾」という形で、販売は代理店に行ってもらいますが、使用権自体はメーカーが直接ユーザーに許諾（付与）する形が一般的です。
フランチャイズ契約	提供側（フランチャイザー本部）が、ブランドの利用許可、経営のノウハウ、設備や商品の提供などを行い、加盟店（フランチャイジー）が加入料やロイヤリティ（使用料）を支払う契約です。

【ケーススタディ】

●中小企業による販路開拓における商流確保

　従業員3名の生鮮食品の卸売業H社は、独自のルートを持っており、品質の優れた牛肉を扱っていました。飲食店への直販ルートを開拓しようと、素材にこだわる飲食店に売り込みを行いましたが、多くの店では特定の肉類だけを個別に納品したり請求されたりすると手間がかかると難色を示しました。そこで、同じ市場で鳥や豚などを扱っている業者に声をかけて、自社が代理販売を行い、肉類全般を一括して納めることで、取引を拡大することに成功しました。

第 5 章

経営者になる準備

　　事業計画書の作成とその意義

Question 38

　融資を受けたり公的支援を受けたりするのに事業計画書が必要になりました。事業計画の作成方法について教えてください。

Answer 38

　事業計画書（ビジネスプラン）のひな型をいろいろな創業支援機関や金融機関が提供していますので、そういったものをアレンジして利用しましょう。事業計画書を通して、あなたの創業計画の①実現性と②収益性をアピールします。

　ビジネスプランの書くべき項目はどのようなひな型でもおおむね共通ですが、どのように記述して何をアピールするかは、読み手（提出先）に応じて変えなければなりません。銀行に 800 万円の創業融資の申請をするのと、投資家（ベンチャーキャピタル）に 1 億円の出資のお願いをするのと、行政機関に創業補助金の申請をするのとでは、アピールポイントはかなり変わってきます。読み手の興味や目的に合った書き方をしないといけないわけです。

図表 38-1　事業計画書は何のために作成するのか？

見てもらう人	あなたの事業について、どう思ってほしいか？
家族・友人・支援者	応援したい
金融機関（銀行）	お金を貸したい（返してくれそう）
出資者（投資家）	成功しそう、リターンが得られそう
行政（政府など）	ルールを守りそう、政策に沿って運営してくれそう、世の中に貢献しそう
従業員	ここで働きたい
仕入先、外注先	取引したい
顧客、最終消費者	買いたい、買ってよかった、また買いたい

　誰に読んでもらうとしても、共通してアピールすべき点は以下の2つです。

①　実現性

　あなたの事業にお金や支援を提供してくれる人としては、その事業が成功するのか、その実現性が最大の関心事です。まずはあなたにその事業についての能力（スキル、経験、資格）が備わっているか、事業に必要な知識や人脈を持っているか、必要となる設備や場所が確保できる見込みはどうか、それらを調達するための資金を得られる目処があるか、も重要なポイントになります。そして、創業後に直面するであろう、いろいろな困難に打ち勝つだけの十分な熱意と動機があるか、も確認したいはずです。

②　収益性

　あなたの事業の実現性があるとして、次なる関心事は収益性でしょう。売上がどれくらいあがりそうなのか、事業の成長性はどうなのか、利益率は高いのか、などが関心事となります。当然、売上が小さかったり、収益性が低い事業は魅力的に見えないはずですし、リスクに弱いと判断されます。

　この「実現性」と「収益性」について、自分や自社の強みや独自性、顧客ニーズや市場動向、競合製品の有無、事業パートナーの存在、ビジネスモデルの優劣、必要なヒト・モノ・カネの調達状況、営業や販売のプランなど、多面的な切り口からアピールし、「自分を支援したほうが得」と思わせるのが、事業計画書の役割ということになります。

　事業計画書には創業への熱い思いを書き表す一方で、冷静かつ客観的・論理的に記述することで、書かれていることが創業者の思い込みではないことを説明する必要があります。

　本書では、そのような流れに沿って事業計画がまとめられるよう、どのような事業にも対応できる、総合的な事業計画書の様式（ひな型）を用意しましたので、ぜひご活用ください。第6章には、その様式を使った事業計画書の作成例も掲載しています。

　このような様式を利用して、いったん汎用的な事業計画書をつくっておけ

ば、融資申込みや補助金の申請などいろいろな用途に活用できます。個別の申請時には、適宜必要項目を抽出して指定様式に転記することで、一貫性のある事業計画を手早く埋めることができます。

　本書に添付した様式以外にも、各創業支援組織などから、いろいろな形式の事業計画書（創業計画書）が提供されています。代表的なものを以下に挙げます。

図表 38-2　代表的な事業計画書（創業計画書）の様式

TOKYO 創業ステーション 事業計画書ひな型	以下のリンク先の「事業計画書ひな型ダウンロード」のダウンロードページに、ひな型一式あり https://startup-station.jp/m2/services/consultation/planconsulting/
日本政策金融公庫 創業計画書	以下のリンク先の「創業計画書」からダウンロード https://www.jfc.go.jp/n/service/dl_kokumin.html
J-Net21 （独立行政法人中小企業基盤整備機構）	以下のリンク先の各「事業計画書」作成例をダウンロード https://j-net21.smrj.go.jp/startup/manual/list5/5-1-3.html

　この第5章では、事業計画書のストーリーに沿って、各項目を埋めるためのノウハウを記載しています。ご自身の事業計画の作成時には、関連項目・関連ノウハウを参考にしてみてください。

【本書の事業計画書ひな型の記載項目と関連項】

項　目	概　　要	本書の関連頁
1. ビジネスプラン名称	誰に何を提供するビジネス（事業）なのかを、端的かつ明確に説明・アピールします。	―
2. 事業目的	なぜ起業に至ったかと、どんなビジョンを持って取り組んでいるのかを記載します。起業への想いや事業の目的も記載します。	ノウハウ 1、9
3. 創業者略歴	起業にあたっての資質（能力）を有していることをアピールします。起業テーマに関連した業務経験・何かしらの経営経験・本事業に役立つ人脈などを、職歴に交えて説明します。	ノウハウ 9

4. 法律・許認可等	事業内容によって資格や許認可が必要になる場合は、その資格や許認可について記載します。	ノウハウ 17
5. 商品	具体的にどのような商品・サービスを開発・提供することで事業を行うのかを明確にします。	ノウハウ 32 〜 36 （業種別）
6. 顧客	提供する商品・サービスに利用者・購入者が具体的にどのような人々や企業なのかを、それらの人々の顧客ニーズと合わせて記述します。ターゲットが個人の場合は職業、年齢、性別、居住地、年収、家族構成、趣味等で絞り込むと有効です。ターゲットが企業の場合は業種、規模、商圏等で絞り込みます。また、企業の場合は、具体的な企業名等を挙げることで具体化します。	ノウハウ 12
7. 市場動向	政治的・経済的・社会的・技術的動向などの市場の動向や、市場の規模などについて概要を記載します。起業に有利な環境であることをアピールするのがポイントです。	ノウハウ 39
8. 競合	あなたの提供する商品・サービスと類似の商品・サービスと、それらを提供している会社（競合先）について、調査して記述します。併せて、競合商品と比較して、自社商品にどのような違いがあるのか説明してください。自社の独自性や優位性（強み）を、商品の仕様、品質、販売方法、価格など多面的にアピールします。競合とどのように棲み分け、競争を回避するかについて、ポジショニングマップを使って説明することもあります。	ノウハウ 39
9. ビジネスモデル	自社の商品・サービスを、顧客に届けるまでの物の流れと資金の流れを、仕入先・販売先・協力会社などを明確にしながら説明します。併せて、自社のビジネスモデル上の強みをアピールします（独自の仕入先がある、ターゲット顧客に直結する販売網がある、有力な技術提携先がある、安い流通ルートがあるなど）。わかりやすくフロー図で示すこともあります。	ノウハウ 31 〜 37

10. 価格	あなた（貴社）の提供する商品・サービスの販売価格はいくらか。その価格を決めたときの根拠を明確にします。	ノウハウ 40
11. 流通および販売方法	流通・販売・販促の方法を記述します。商品の物流をどのように整えるか、誰がどのように顧客を見つけ、効果的に販売するのかについて、記述します。	ノウハウ 41
12. 仕入・調達・生産	13 の売上に必要な量の商品やサービスを、どのように製造したり準備するのかを記載します。卸売業や小売業であれば、どんな商品をどれくらい仕入れるのかを、製造業、建設業、サービス業であれば、原材料をどれくらい仕入れて、商品やサービスをどれくらい生産・製造する計画なのかを明確にします。	ノウハウ 31 ～ 37
13. 売上計画	どの顧客層に各商品やサービスをどれくらい販売するのか、売上計画を根拠とともに記載します。 考え方例①：平均販売単価×1 日の平均販売数量×営業日数 考え方例②：予想市場規模×目標シェア（%）、など。	ノウハウ 44
14. 利益計画	売上を達成するためにかかる仕入額と経費の額について記載します。	ノウハウ 45
15. 資金調達	売上計画や仕入計画を実現するために必要となる経営資源（ヒト、モノ）を洗い出し、それらの調達に必要となる事業資金を、計算し、記述します。さらに、その調達方法（出資、融資、その他）も記載します。	ノウハウ 21 ノウハウ 22 ノウハウ 47
16. 資金計画（資金繰り）	12 ～ 14 から、月別の資金繰り表を作成します。創業にあたって必要資金が十分にあり、途中で資金不足に陥らないことを説明します。	ノウハウ 46
17. 具体的実施計画	ここまでに立てた計画の各項目に対して、具体的に誰が、いつ、何を行うのかを、時系列で記述します。	ノウハウ 47 ～ ノウハウ 56

ノウハウ **39**　市場調査の方法

Question 39

　事業計画書を公的機関や金融機関に説明したら、「市場調査が足りない」と言われました。市場調査の方法を教えてください。

Answer 39

　市場調査は、①市場動向と、②競合動向について調査するとよいでしょう。

　人というのは、「自らに望ましい情報ばかりが目に入り、欲しくない情報は目に入らなくなりがちである」といわれます。創業の準備を進めている場合にも、ついつい自らの事業プランに有利な情報ばかりが目に留まるようになり、不利な情報は無意識に見落としてしまいがちです。市場調査は、自らの事業プランに客観性と正確さを持たせるためには不可欠のもので、ひいては事業の成功確率を上げることにつながります。

(1) 市場調査の方法

　市場調査には、大きく分けて2つの方法がありますが、両方の方法で調査することが必要です。

・他者がまとめた統計資料を用いる方法：公的機関や調査会社などのレポートを引用する
・自ら調査した情報を用いる方法：インターネットや書籍を調べたり、店舗など現場を調査したり、見込み客や取引先などにヒアリングやアンケートを行ってまとめる

　外部の調査資料は、客観性がある一方で、調査対象が不明瞭だったり、自らのターゲット顧客層とずれていたりして、それだけで特定の事業計画の根拠にするにはぴったり当てはまりません。自ら調べた調査データは、調査対象などは明確で調査内容も適切に設定できますが、客観性に欠けて恣意的で

偏りのある情報と見られてしまうことがあります。まずは、外部の調査資料情報で市場全体を客観的にとらえ、その中で事業の成否に関わる絞り込んだテーマについて、自ら独自調査を行って裏づけを得るのがベストでしょう。

(2) 市場調査で調べるべき内容

調査すべき内容は、①市場動向（顧客ニーズ）と②競合情報、の2つです。

① 市場動向の調査

市場動向については、以下のような方法で調べるとよいでしょう。

1）公的機関の統計情報

人口動態や住民の属性（世帯数、年齢、人口、職業、所得など）について調べられます。各省庁では、経済や社会についての動向やアンケート調査結果などもあります。

・e-stat（政府統計の総合窓口、https://www.e-stat.go.jp/）
  国が行う各種統計情報のデータが入手できます。
  たとえば、国勢調査（人口動態について）、家計消費状況調査（家計消費額について）、小売物価統計（物価について）、などがよく使われます。

・RESAS（地域経済分析システム　リーサス、https://resas.go.jp/）
  経済産業省が運営するシステムで、人口、観光、産業についての統計情報を、任意の切り口で地図上にマッピングしたりグラフで表示できる分析システムです。商圏分析などに便利です。

・白書（消費者白書、観光白書、食料・農業・農村白書、情報通信白書など）

・その他、各省庁が実施する統計調査やその報告書

2）マスメディア

消費者動向や社会動向については一般紙や雑誌、業界動向については経済紙や業界紙・誌が、市場調査やニーズのアンケート調査を行っていることがあります。インターネットや図書館で調べるとよいでしょう。

3）民間の調査会社、シンクタンクなどの調査資料

民間の調査会社は、多様な消者動向や業界別の市場調査などを行ってお

り、それらの多くは有料ですが、概要をプレスリリースなどで発信していたりします。2) と同様に、インターネットや図書館で調べるとよいでしょう。

　また、『業種別審査事典』（（株）きんざい発行）は金融機関向けの業界情報事典ですが、国内のあらゆる業界を網羅した業種別経済資料として利用できます。主要な図書館などで閲覧することができます。

◎ PEST 分析

　市場動向を整理する際に用いられる枠組みで、市場環境を PEST（Politics ＝政治・法律、Economy ＝経済・市場、Society ＝社会・文化、Technology ＝技術）の切り口で整理し、ビジネス機会やリスクなどについて分析します。具体的には、以下のような内容について分析するとよいでしょう。

・P（政治・法律）：法律の改正と規制緩和・規制強化・コンプライアンスによる新しいビジネス機会、海外進出にあたっての輸出制限や関税など

・E（経済・市場）：各業界の成長率、地域別の景況、貿易戦争や自由貿易推進、金融市場の動向など

・S（社会・文化）：ライフスタイルのトレンド（LOHAS、サステナビリティ、LGBT などの多様性、少子高齢化、外国文化（最近ではアジア諸国）、ファッション、ショップ、食やグルメの流行・トレンドなど

・T（技術）：IT、バイオ、新素材、キャッシュレス決済などの新技術の発明・発展、既存の技術の陳腐化による市場構造の変化（デジカメがスマホに置き換わるなど）

---

②　競合調査の方法

　競合調査についても、大きく分けて、公的機関や調査会社がまとめた統計資料を用いる方法と、自ら調査したり、ヒアリングを行ってまとめる方法が

あります。

　競合については、調査が不十分なケースが非常に多いといえます。「自分の製品はこれまでにないユニークなもので競合にあたるものがない」と説明する方も多くいらっしゃいますが、広い世の中、ほとんどの場合、すでに誰かが同じようなアイデアをもって似たようなことをしています。また、自分では十分に独自性があると思っていても、顧客にとっては類似製品と大きな違いは感じられず、比較対象になっていることがほとんどです。

　なお、競合調査が十分でないと、「その業界について勉強不足」であるとみられて、創業準備が十分でないと判断されることがあります。しっかりと競合製品・サービスの情報を入手して自社製品・サービスと比較し、自社の強みと弱みを説明できるようにしておきましょう。

　競合調査の方法には、以下のような方法があります。

1）統計資料や調査資料、新聞や雑誌の記事を調査する

　公的機関やマスコミ、シンクタンクなどが、いろいろな業界の市場シェアの調査や製品比較記事等を出しています。信用情報データベース（帝国データベースなど）を利用すると、上場していない企業の売上や業績、主要取引先を調べることができます。

2）競合会社のホームページやカタログを入手して比較する

　競合企業の業績をホームページの IR 情報（投資家向け情報）で調査したり、製品・サービスの詳細な内容を、ホームページやカタログで入手します。

3）店頭で調べる、または、競合店に行ってみる

　一番確実なのは、店頭で実際に見てみたり、サービス業であれば顧客としてその店のサービスを受けてみることです。商品の小売価格は店頭で調べるのが確実ですし、置かれている棚数や POP を見ることで、競合製品が小売店でどのように扱われているかが推測できます。業界の展示会やセミナーなどで、競合ブースを見学して製品説明を聞いたり、質問をするのもよいでしょう。インターネットモールを見れば、小売販売価格なども調べることができます。

ノウハウ40　価格設定の留意点

Question 40

　これまで趣味の品をイベントで販売して好評でした。本格的に事業化するにあたって、適正な価格で販売したいと思っています。どのように価格をつけるのがよいでしょうか？

Answer 40

　最終的に、利益をどの程度確保するか目標を立て、需要の程度、競合の対応状況、コストの状況から、適切な価格を決定する必要があります。

　価格は、商品や原材料の入手価格（仕入原価、製造原価）と、顧客が支払ってくれるであろう最大限の価格との間で決めなければなりません。販売側の立場からは、できるだけ高く販売したいところですが、競合他社の価格設定や、経済環境によっても財布のひもの緩み具合は変わるため、最適な価格は販売側の思惑だけでは決められません。

　一般的に価格の決定方法には主に5つの方法があり、それらを組み合わせて個々の商品ごとに価格を決めていきます。

①　コスト志向の価格決定法（コストプラス型価格決定法）

　仕入・製造・販売にかかる各種費用を積み上げて、一定の利益を加算して価格を決める方法です。費用は販売する数量によって変わるため、利益を出すためにはある程度の数量の販売が確保されていなければなりません（「ノウハウ45」参照）。加算する利益をどの程度想定するか（この加算割合は、「値入れ率」と呼ばれます）は、自社の利益目標や、競合の状況、景気などを考慮して決めます。設備型産業や公共料金などは、コスト志向で価格決定がなされる典型例です。

②　需要志向の価格決定法

　顧客が感じる商品の価値・顧客が払えるであろう価格を想定し、設定する方法です。競合のない新しい製品やサービスは、この方法で価格を決定しま

す。商品の価値の伝え方によっても払える額が変わるため、難しい価格決定方法です。

　①のコスト志向がプロダクトアウトの発想なのに対して、②の需要志向はマーケットインの発想で価格を決定するものです。

③　競争志向の価格決定法

　競争志向の価格決定法は、競合商品の価格を基準に価格設定する方法です。競争の激しい分野ではこの価格決定方法が主体になります。企業向けのビジネスでは、まさに入札や相見積りなどの競争によって価格決定が行われます。

　高すぎる価格では競合他社に負けてしまいますし、安すぎる価格だとみすみす利益獲得の機会を失いますので、非常に戦略的に価格を決める必要があります。

④　心理志向価格

　消費者心理というのは複雑なため、特定の分野や業界では、必ずしも①〜③のような合理的な価格設定がうまくいかないケースがあり、「心理志向の価格決定法」と呼ばれます。これには、以下のようなものがあります。

1）慣習価格

　自動販売機で売られる飲料が典型で、消費者の中に常識としての価格が強く出来上がってしまっているため、それ以外の価格をつけるべきでないケースです。このような場合は、内容量を変えるなど、コスト側を調整して対応します。

2）プレミアム価格（名声価格）

　ブランド品や贈答品などは、高いこと自体に価値があることがあります。ブランド品は「誰でも買えるわけではない高いもの」であることに大きな意味があり、贈答品の場合は「感謝の気持ち」を金額で表しているからです。このような分野では、価格を下げることで、売上が下がるばかりか、ブランド価値自体を棄損することになってしまいます。

⑤　品揃えによる最適価格

多様な商品を販売している小売業や、複数の製品を販売する製造業では、利益を確保する商品、売上とシェアを確保する商品、顧客を引きつける商品など、商品の特性を使い分ける戦略が有効です。1つの商品が薄利や赤字であっても、商品ラインアップ全体で利益を得ることができます。

スーパーなどでは「特売品」「目玉商品」で集客をし、値引きしない定番品をついで買いさせて利益を上げています。飲食店で高級メニューと廉価版メニューの2つがある場合、あえて最上級の「松」を設け3つにすることで、利益の厚い「竹」商品に顧客を誘導する方法も一般的です。

■ 価格設定の注意点

価格設定で重要なのは、「固定費の回収」をきちんと盛り込んだ価格に設定することです。設備投資などの先行投資は、後の製品販売により回収しなければならない費用です。そのため、損益計算では、設備投資費用を支払った年に計上せずに、「減価償却費」として複数年にわたり費用按分します（「ノウハウ45　利益計画の立て方について理解する」参照）。

しかし、多くの経営者の頭の中では「先に使ってしまったお金」のため、その回収を忘れがちになり、取引先からの値引き要請に安易に対応してしまい、設備投資や人件費などの固定費の回収費用を割り込んで値引きをしてしまうケースをよく見かけます（次ページ・図表40-1の「原価割れ価格」）。

このような状況では、物が売れて設備増強に追われるたびに徐々に損失が広がり、「働いても働いても儲からない」という状況に陥ります。さらに悪いことに、交渉力の弱い中小企業が一度価格を下げた実績をつくってしまうと、実質的にその価格が取引価格として固定されてしまい、元に戻せなくなりがちです。価格を下げるのは簡単ですが、一度下げた価格を上げることは大変です。

そのような状況にならないように、しっかりした原価計算を行い、自社の下限価格を頭に入れておくようにしましょう。

図表40-1のように、変動費に、先行投資を含めた固定費を加え、営業費用・販促費用などを盛り込み、さらに自分の給与を加えた額が、基本的な下限価格であり、価格交渉時は交渉の「のりしろ」を見込んでそれより高い価格を提示するのが基本です。

　固定費は販売量が増えるほど、製品1個当たりに賦課する額は減りますので、年間の受注量が△△個ならば、1個〇〇円まで下げられるなど、目安となる受注量に対応した単価をシミュレーションしておくとよいでしょう（これを損益分岐点計算といいます）。

　（☞付録の「コスト倶楽部」（巻末の読者特典ページ参照）は、簡単に原価計算の原理が理解でき、製品別の原価設定が簡単に行えるツールです。ぜひ使ってみてください）

図表 40-1　価格と費用

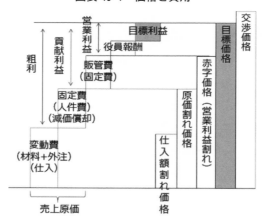

【ケーススタディ】

●利益の取れる価格設定にこだわり、販売方法を工夫

　首都圏某所で観光農園を行うⅠ社ですが、自家採取の果実を使って、オリジナルのジャムや生ジュースの商品開発を行い、販売を始めました。コスト志向で設定した価格は、500円台になってしまい（スーパーでは廉価品が100円程度）、近隣の高級スーパーや洋菓子店に売り込んだものの、販売は思わしくありませんでした。しかし、味覚狩りに観光農園を訪れる顧客にはお土産用として好評で、現在は観光農園の簡易売店での直売を主に切り替えています。

　一般的に、日常的に購入する消費財は、かなり品質がよくても3割以上値段が高くなると、コスパが悪すぎて販売が難しくなるようです。上記の例では、むしろある程度価格が高いほうが特別感が感じられたり、観光ついでで財布のひもが緩む、観光農園の庭先直売所販売に切り替えて成功しました。

Question 41

　他社に商品を売ってもらうことのメリットとデメリットは何でしょうか？

Answer 41

　メリットは、①低コストで数多くの販売の場所や販売員を確保できる、②物流コストを低減できる、③ゼロから顧客開拓をしなくて済む、④営業・販売コストを低減できる、です。一方デメリットには、①販売手数料を取られるため自社の利益率が低くなる、②エンドユーザーの情報を的確に入手できなくなり、需要予測が立てにくくなったり、顧客ニーズを押さえた商品開発が難しくなる、等があります。

　企業と顧客との間には、物理的な距離や時間、商品に関する知識などに隔たりがあります。これらの隔たりを最小限にする役割を担うのがチャネルです。チャネルの種類には、以下のようなものがあります。

・コミュニケーションチャネル

　顧客とのメッセージのやり取りのチャネルで、TV などのマスメディアや SNS などのインターネットを活用したメディアがあり、役割を担っています。

・流通チャネル

　製品（商品）を顧客に届ける経路を指し、卸売業者や小売業者などがあります。

・販売チャネル

　顧客に製品（商品）を販売するチャネルで、小売業者や E コマースなどです。

(1) 流通・販売チャネルを活用するメリット

　デジタルコンテンツなど無形のものを販売したり、サービス業など直接顧客とやり取りするビジネスは例外として、製品（商品）を販売する事業では、ビジネスの拡大に伴い、ほとんどのケースで流通・販売チャネルを経由して販売することになりますが、これはなぜでしょうか？　自社ですべてを行うケース（直接販売＝直販と呼びます）の場合を考えてみましょう。

①　物流コストの問題

　あなたの会社で生産した製品を売るには、まず顧客が購入できる場所（お店）に運ばなければなりません。たとえば、店が5ヵ所あったとして、そこに製品を配送するのにかなりのコストと時間がかかります。

　1人で配送したら1日がかりでしょう。宅配便を使ってもかなりの送料がかかり、安価な商品だと商品代より高くなってしまうかもしれません。生鮮品だとクール便が必要となり、もっとお金がかかります。

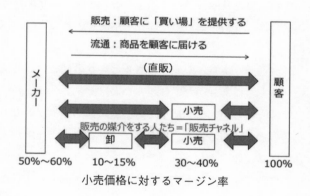

小売価格に対するマージン率

②　販売の場所と人員の問題

　お店と店員のコストも問題です。自社の商品だけを扱う店を出店すると、品数が少なすぎて顧客が来ないでしょう。次に、店に置いただけではなかなか売れないため、店員が商品説明や接客をしなければなりません。現地でアルバイトを雇うと費用がかかります。目の届かない遠隔地でまじめにアルバイトが売ってくれるかの保証もありません。

　次に、お客さんから代金をいただきます。自分で受け取りに行くわけにはいきませんので、アルバイトを使わないとすると、後払いで振込みしてもら

うしかありません。商品に不良があって交換したり代金を間違えて返金したりする場合も、お客さんに不便をかけるわけにはいかないので、自ら対応したり送料負担もこちらになるでしょう。

③　新規顧客獲得の問題

新しい地域での来客を促すために、現地で折り込みチラシを配布したりプロモーションイベントをして、一から顧客開拓をしないといけません。

④　営業・販売コストの問題

運よく大企業と契約の機会に恵まれたとしましょう。おそらくこういわれるのではないでしょうか。「うちは中小業者と直接口座は開かないから、○○商社を通して購入したいので、紹介します」。大企業は多くの企業と取引するため、社内業務が煩雑になるのを嫌い、年間に一定額以上の取引がない場合は、取引をまとめる商社を中間に入れるように依頼してきます。

流通チャネル・販売チャネルというのはこれらの機能をすべて代行してくれる非常にありがたい仕組みなわけです。

卸売業者が、まずあなたの会社の商品をロットで引き取ってくれて、小売店の近くにある倉庫に保管してくれます。小売店からの要請で小分けにして各店舗に届けますが、いろいろなメーカーの製品を混載したトラックで運ぶので負担する送料も格安で済みます。小売店の店員がお店の固定客に、あなたの新商品をお勧めしてくれます。売上代金も月に1回、まとめて払い込んでくれるので余計な振込手数料もかかりませんし、返品交換やクレーム対応の窓口業務もさばいてくれます。

(2)　流通・販売チャネルのデメリット

①　販売手数料の支払い

販売チャネルが提供してくれる物流・在庫・決済代行などの役割に対して手数料が発生します。通常は、商品価格を値引き（ディスカウント）して販売し、そのマージンを顧客から直接受け取ります。

> ◎販売チャネルのマージン率
>
> 　一般的に、流通・販売チャネルとなる卸売業者や小売業者には、最終販売価格の 10 〜 15%（卸売）、30 〜 40%（小売店）のマージンを提供するのが普通です。なお、マージン率は、商慣習や流通方法が異なるため、業種業界によって大きく異なります。
>
> 　卸売業者が集荷側と販売側の2つに分かれたり、小売業者が1次代理店と2次代理店に分かれたりして、多段階の流通経路となる業界も多くあります。その場合は、それぞれの中間業者の分だけ、マージンが必要となります。

　自社でお店と販売員や営業員を抱えて直販ができるのは、個人向けの商品であれば宝飾品や嗜好品などの高額商品か、法人向けであれば数十万円以上の高額設備機器の場合だけでしょう。当初は顧客の顔が見える直販でスタートしたとしても、売上を増やすと同時にチャネルを活用した間接販売に切り替えないと、販売業務が回らず赤字化してしまいます。

②　エンドユーザーの情報を的確に入手できなくなる

　取引の間に中間業者が入ることで、「顧客の顔」つまりエンドユーザーのニーズが見えにくくなるということです。その結果、需要予測が立てにくくなったり、顧客ニーズを押さえた製品開発が難しくなります。売上代金はエンドユーザーではなく、販売チャネルからあがるようになるため、社内の意識が過度に「販売チャネルが顧客」というふうになることもあります。販売チャネルの要求は必ずしもエンドユーザーのニーズと同じではないため、注意が必要です。

　エンドユーザーのニーズがわからなくなる点もデメリットであり、特に創業期の製品開発に取り組んでいる企業では、深刻な問題です。このあたりはチャネル活用の諸刃の剣です。

■ 販売チャネルのデメリットの緩和

　上記のようなデメリットを緩和するためには、エンドユーザーの情報を吸い上げるための補完的な情報チャネルや直販チャネルを残しておく、という対策がとられます。

　たとえば、ヘビーユーザーの顧客や自社で開拓した顧客は、直販顧客として残しておいて、顧客ニーズの吸い上げに協力してもらいます。需要予測が立てにくくなる点については、小売店や代理店に販売協力を行い、直に売場や顧客の反応を集めて需要動向を把握したり、営業が販売目標達成のために過度な在庫販売を行わないよう管理するなどして、受注量と実需要の乖離を防ぎます。

　なお、これらの施策はいずれも流通・販売チャネルの協力なしに行うことは難しいため、販売代理店契約を結ぶ際には留意しましょう。

■ 代理店契約の条件と留意点

　個々の販売チャネルと代理店契約を結ぶにあたっての契約条件の留意点を以下に解説します。

・販売エリアや業界を限定するかどうか？
　都道府県ごとや業界ごとに販売チャネルを分けたい場合はエリアを限定します。チャネル同士の過度な競争を抑える効果があります。

・再販権を与えるかどうか？
　そのチャネルがさらに別のチャネルに卸売りすることを許可するかどうかです。再販権を与えない場合は、卸を介さない小売店との直接契約になります。

・独占販売権を与えるかどうか？
　チャネルを1社に限定し、その会社のみに販売権を与えます。独占販売権を持ち、再販権も与えられたチャネルは「総代理店」と呼ばれたりします。総代理店に複数代理店をまとめさせると営業効率は上がりますが、エンドユーザー情報はますます入りにくくなります。

・競合製品の取り扱いを許すかどうか？

　自社の競合と並行して代理店契約を結ぶことを禁じるかどうかです。大手商社は複数商品を扱って条件交渉をしたがるため、これを認めると薄利多売に陥りがちです。販売量と利益率のどちらを追求するか、悩ましいところです。

　基本的に、販売店のニーズは「他社で扱っていないものを扱いたい」「売れる商品を扱いたい」「安く仕入れて高く売れる商品を扱いたい」であるといえます。あとは自社とチャネルの力関係で、どの契約形態をとるかを決めることになります。

【ケーススタディ】

●卸売業者を活用した物流ルートの整理

　ある公設の水産卸売市場で仲卸の家業を継いだ J さん（男性）は、仲卸業界の業況に不安を抱き、商品に付加価値をつけるため、業務用の海鮮丼向け魚の「漬け」加工品を開発し、粗利が大きい直接販売を行いました。 J さんの魚の目利き力を生かした美味しくて調理が簡単な漬け加工品は好評で、和食店やホテルなどに販路が広がりましたが、自社の冷凍トラックで配送していたため、取引先が増えると、運送に時間を取られて他の仕事に支障が出るようになってしまいました。その後、配送ルートを集約し、一部のルートは現地の卸売業者に任せることにして、個別配達をやめて、その卸売業者の物流センターへの納品に切り替えました。

Question 42

展示会に出展したら、「貴社製品を販売したい」という問い合わせがありました。どのようなことに留意したらよいでしょうか？

Answer 42

販売代理店の開拓は慎重に行いましょう。その代理店を置くことによる、顧客のメリットを最優先に考え、自社のメリットと相手方の期待をすり合わせてから、契約の可否を決定しましょう。また、顧客に対する権利・責任・義務をどちらがどのように持つのかを曖昧にしたまま進めると、後でクレームになります。あらかじめ、販売代理店契約などで明確にしておきましょう。

　自社の商品を扱ってもらう場合、代表的な契約形態として販売店契約と代理店契約があります。

　販売店契約（販売代理店契約ともいいます）は、メーカーから製品を仕入れて在庫し、顧客に対して販売する販売形態です。顧客との契約は販売店が行います。販売店は売買が成立すると顧客から対価をいただきます。販売店は、仕入時にディスカウント（値引き）してもらって仕入れ、顧客には市場価格で販売することでマージン（粗利）を得ます。

　一方、代理店契約は、メーカーから販売の業務を委託され、顧客に製品を販売する販売形態です。顧客との契約はメーカーになります。代理店は売買が成立すると報酬（販売手数料、コミッション）を受け取ります。生命保険の代理店が代表的なものです。

　最も大きな違いは、販売および販売後の顧客対応について、顧客に対する責任をどちらが持つかが異なり、販売店の場合は販売店側、代理店の場合はメーカー側が持ちます。代理店の場合のほうが、より直販に近い形態といえるでしょう。なお、実務上は両者を明確に区別せず、「販売代理店」として

契約を結ぶことも多いようです。

■ 販売店と代理店活用のメリット・デメリット

①　顧客の利便性

　販売店の場合は、販売店と顧客が直接取引（売買）を行い、メーカーの存在は顧客から見えません。基本的に窓口が１つとなる代理店契約のほうが、顧客にとっての利便性は高いといえます。一方、メーカーからすると、代理店契約のほうが顧客と直接契約を交わしますので安心感があります。販売店契約では、販売店とメーカーが言っていることが違う、などのクレームがしばしば起こり得ます。

②　価格の決定権

　販売店の場合は仕入れた商品を自らの責任で販売するため、価格決定は販売店が行い、メーカーは行えません（「ノウハウ27　消費者の権利を守るということ」参照）。メーカーにとっては小売価格の変更ができないのは大きなデメリットです（メーカー主体の値引きキャンペーンで、店頭で値引きするのではなく、購入後にキャッシュバックの手続きをさせるのは、このような理由からです）。

　一方、代理店販売では、販売契約はメーカーと顧客との間で締結されるため、価格設定はメーカーが自由に行えます。

③　在庫の発生

　販売店の場合はいったん販売店が商品を仕入れ、つまり購入するため、メーカーとしては売上が早く立つメリットがあります。逆に販売店は、商品在庫を持って、顧客に販売します。在庫費用や売れ残りリスクは販売店が持ちます。

　代理店の場合は、仕入を行わないので、代理店の在庫は発生しません。直販同様、顧客が商品を購入したときに売上が計上されます。一般に在庫が必要ない業種（自動車保険など）は代理店販売が多く、在庫が必要となる業種（家電など）は販売店契約になることが多いです。

◎知っておくとよい取引用語

・「上代」、「下代」、「掛け率」

　小売価格として設定された価格を上代、それを小売店が仕入れるときの取引価格を下代といいます。実際に売れる価格は、設定した価格より割り引いた価格で販売されることが多く、上代はこの割り引いた価格となります。この割り引いた価格（上代）に掛け率を掛けた価格が下代となります。

　たとえば、1,000円の商品で「（掛け率）7掛け」というと、上代が1,000円で下代が700円になります。

・仕切り（価格）

　生産者から卸売業や小売業へ製品を販売する（卸す）ときの価格をいいます。

・リベート

　リベートとは支払った代金の一部を返金する手数料のことです。大量に販売した場合や新しい販売先などを開拓した場合などに、販売奨励金として支払われます。いくつか種類がありますが、一般には売上高を対象とした支払リベートと仕入を対象とした受取リベートがあります。これらのリベートは、販売や仕入時の値引き・割引とは違い、販売や仕入と同時に発生しません。販売や仕入時からある程度時間が経過したときに支払われる手数料だからです。そのため、リベートを支払っても値引き・割引のように売上金額は変わらないので注意が必要です。

ノウハウ43　インターネットで販売する

Question 43

インターネットで販売したいと思っていますが、どのようなことに留意したらよいでしょうか？

Answer 43

インターネット販売は比較的気軽に行えます。スモールビジネスやスタートアップの販売方法としてうまく利用しましょう。また、手早くものを売れるからといっても、片手間の運営で儲かるほど甘くはありません。本腰を入れて、お金もきちんと投資して行うことをお勧めします。情報セキュリティなどにも配慮が必要です。

　この20年ですっかり定着した感のあるインターネット販売では、大企業から中小企業、さらには個人で販売を行っている人も多くなっています。一口にインターネット販売といっても、主に2つの方法がありますので、知っておきましょう。

(1) 大手インターネットモールでの販売

　大手ネットモール事業者が運営するサービスに、「個店」として「出店」するやり方です。以下のような種類があります。

① なんでも扱っている大手ネットモール（Amazon、楽天など）

② 特定カテゴリーの商品に特化したネットモール（アパレルのZozoや、地域名産品のお取り寄せモール）

③ その他、中古品の販売に特化したものやフリーマーケットモール（ヤフオク、メルカリなど）や、ふるさと納税のモールなど

　大手ネットモールの集客力は強力であり、ネット販売で成功している販売量の多い事業者は、これらのモールをうまく活用しています。出店するうえで各種情報が提供されており、短時間でネットショップを構築することがで

きるメリットがあります。出店費用がかさむのがデメリットです。

(2) 自ら Web ショップを開店する

　自社サイトとして Web ショップを開設します。運営費用は安価ですが、集客は自ら行わなくてはなりません。ショップを構築するには、ASP（アプリケーション・サービス・プロバイダー）が提供するショップカートサービスを利用して構築するのが簡単です。ショッピングカートやカード決済連携など、Web ショップに必要な機能がすでに実装されているので、商品カタログを登録するだけで使い始めることができます。

　Web ショップ機能を独自構築する方法もあります。ショップのデザインや使い勝手などで自由度が高い反面、構築コストと運営に労力がかかります。

　なお、上記の２つのショップを両方運営する事業者もいます。

　Web ショップ運営の留意点は、以下の２点です。

①　物流の仕組みは基本的にない

　すでに Web ショップに出品したことがある人はご存じかと思いますが、商品の包装・発送は意外に手間がかかります。大手ネットモールでは販売業者のランキングや口コミがありますので、いい加減な包装をしたり納期が遅れたりすると、ランキングスコアが下がってしまいます。通販の一種であり送料負担も必要になるため、安価な商品では送料が割高になり買ってもらえません。

　ネットショップ ASP の中には、在庫を倉庫にあずかって商品発送をしてくれるところもありますので、人手が足りない場合はそのようなサービスを利用する手もあります。

②　集客に意外とお金がかかる

　大手ネットモールは何千もの事業者が出店をしており、日本全国・大小の業者が入り乱れてしのぎを削って販売をしています。このような中で新しいショップがひっそりと開店しても、利用者の目には留まりません。そのため、

大手モールは広告キャンペーンなどの有料サービスを提供しており、広告料を払うと一定期間おすすめ商品としてトップ欄に表示することが可能で、売上上位の業者はそういった広告費を使って売上をあげています。

　一方、自社でWebショップを立ち上げた場合は、ゼロから集客しなければなりませんので、検索エンジン対策（SEO = Search Engine Optimization, 検索エンジン最適化）を行ったうえで、Google, Yahoo！など検索エンジンやSNSの広告サービスを使って集客を行います。いずれにしてもネット上の浮気な（？）顧客を捕まえるには、それなりの手間とお金をかけないといけません。

■ インターネットサービスを事業で利用する場合の 情報セキュリティ対策

　インターネットで販売する場合、会社名や代表者名など、誰が運営しているサイトなのか、個人情報の取扱方法を示したプライバシーポリシー、運営者への問い合わせの仕組み、そして信頼できるサイトであることを第三者の認証を活用する等、各種情報を掲載することが必要になります。情報の改ざんや漏洩等を起こさないためにもSSL（Secure Socket Layer）で暗号化された通信ができる仕組みが必要となります。

　利用するWebショップサービスがこれらの事項に対応しているかを、しっかり確認しておきましょう。

　また、自社でWebショップを構築する場合には、「個人情報取扱事業者」として、以下のような情報を開示しなくてはなりません。

1）運用主体に関する情報

　会社名・屋号名、代表者名（責任者名）、販売サイトの目的、電話番号・所在地、地図等所在地がわかる情報

2）プライバシーポリシー（個人情報保護方針）

　インターネット上での個人情報の開示については、大量流出問題などがあり、重要度はもとより関心度も高まってきています。販売サイトの信頼度を

高める意味でも、入手した個人情報の具体的な利用目的など、安全に管理している旨を明確にし、開示しておくことが必須となります。個人情報保護委員会のサイト（http://www.ppc.go.jp/）などを参考に記載内容を決める必要があります。

3）問い合わせ方法

　構築した販売サイトが販売者からの一方通行のシステムしか持たなかったら、利用者からの問い合わせに対応できません。たんに電話番号やメールアドレスのみを記載する方法より、問い合わせができる Web 専用のフォームをデザインして提供することをお勧めします。

■ インターネット販売における特定商取引法への対応

　インターネット販売では、対面販売よりトラブルが生じやすいため、特定商取引法の規制対象となる「通信販売」に該当し、各種の対応が必要となります。

　参考までに、販売を行う事業者にかかる規制の内容を以下に示します。違反した事業者は、行政処分および罰則の対象となります（特定商取引ガイド：http://www.no-trouble.caa.go.jp を参照）。

1. 広告の表示
2. 誇大広告などの禁止
3. 未承諾者に対する電子メール広告の提供の禁止
4. 未承諾者に対するファクシミリ広告の提供の禁止
5. 前払い式通信販売の承諾などの通知
6. 契約解除に伴う債務不履行の禁止
7. 顧客の意に反して申込みをさせようとする行為の禁止
8. 行政処分・罰則
9. 契約の申込みの撤回または契約の解除
10. 事業者の行為の差止請求

ノウハウ44　販売計画の立て方、売上のつくり方

Question 44

販売計画のつくり方がよくわかりません。

Answer 44

販売計画は、①市場規模から計算する方法、②想定顧客数から計算する方法を組み合わせて作成します。そのあとに「必要な儲け＝利益」が確保できているかを検証します。

販売計画を立てる方法は大きく2通りあり、①市場規模から計算する方法（トップダウンによる計算）、②想定顧客数から計算する方法（ボトムアップによる計算）です。

①　市場規模から計算する方法

販売予測＝市場規模(円)×市場シェア(%)

目標市場の規模が1億円で、1年目にシェア1%、2年目に3%、3年目に6%であれば、売上予測は1年目100万円、2年目300万円、3年目600万円となります。

この方法は、計算が簡単であることが利点ですが、市場シェアの根拠が薄い場合に説得力が薄いという欠点があります。市場シェアは、ライバル企業の実績や、競合店舗数から割り出すとよいでしょう。

たとえば、ある市場で競合が5社存在し、自社が6社目として参入するのであれば、5社目のシェアを参考に設定できます（1年目で5社目の1/2、3年目で5社目を追い越すなど）。お店の場合は商圏内に競合店が4店あれば、商圏市場を5で割ればシェア獲得の最低目標が得られます。

なお、競合の売上高は、上場企業であればホームページのIR（投資家向け情報）の決算書を見ればわかりますし、非上場企業でも一定規模の会社は、帝国データバンク（TDB）や東京商工リサーチ（TSR）などの信用調査会

社のデータベースで調べられることがあります。

　小売やサービスの商圏の市場規模は、商圏内人口を国勢調査などの統計から調べ、家計調査年報などから1人当たりや1世帯当たりの消費金額を計算し、それらを掛けることで計算できます。

② **想定顧客数から計算する方法**

　自社の営業能力や生産能力を考慮して、現実的に販売できそうな顧客数（または受注数）から積算します。業界や業態によって、計算方法が少し変わりますので、以下を参考にしてください。

---

1. 製造業

　売上(月)＝製品販売単価×販売数量(月)

2. 小売業、飲食業

　売上(月)＝客単価×1日の購入客数×営業日数

　または売上(月)＝1m²(または1坪)当たり売上高[※]×売場面積

3. 生活サービス業（美容院など）

　売上(月)＝従業者1人当たりの接客数×客単価×従業者数

　または売上(月)＝従業者1人当たりの売上高[※]×従業者数

　※『小企業の経営指標』（日本政策金融公庫）にて確認可能

ノウハウ45　利益計画の立て方について理解する

Question 45

　数字があまり得意ではなく、利益の計算方法と利益計画の立て方がよくわかりません。どのように数字を整理するのがよいでしょうか？

Answer 45

　利益は利益＝収益－費用という単純な式で計算できますが、計画するときには費用の発生タイミングを考慮して整理する必要が出てきます。費用は、①仕入（売上原価）と、②経費（販売費及び一般管理費）、③設備投資の3つに分けて、もれなく洗い出しましょう。

　販売計画を立てたら、"必要な儲け"（利益）が得られているかどうかを検証してみてください。利益は、先に使ったお金を回収して、融資の返済や将来の投資の原資となる重要なものです。個人事業主なら、自分の生活資金や開業資金として借りた借入金の返済原資になります。法人なら、役員報酬、借入金の返済のほか、株主への利益還元になるでしょう。また、製品改良や設備投資のための余裕資金も見込んでおきたいところです。儲け（利益）は以下の式で計算できます。

　　　利益＝収益－費用

　収益は、基本的に、前項で計算した「売上高」にあたります。（本業と別に、家賃収入や株などの投資収入がある場合は、それらも加わります）。
　費用の洗い出しは、種類が多いため若干厄介です。大きく分けて以下の3つに分けて洗い出すと、抜けもれがなくてよいでしょう。

①　仕入（売上原価）

　販売する商品や製造のための原材料、顧客サービスに使う資材や消耗品など、顧客に直接提供するものにかかる費用です。
　顧客数や売上の増加におおむね比例して増加するのが特徴です。そのた

め、売上高に対する仕入（原価）の割合は「売上原価率（原価率）」と呼ばれ、原価率が低いほど儲かりやすいビジネスということになります。売上に比例して変動することから、変動費とも呼ばれます。

② **経費（販売費及び一般管理費）**

家賃や人件費が代表的なもので、事業を運営するために、社内で使う費用です。その多くは、売上の多寡にかかわらずほぼ一定額がかかるもので、それらは固定費とも呼ばれます。売上の少ない創業直後はこの経費（固定費）の負担が厳しく、不要不急な人件費や家賃などの固定費をいかに減らすかが、資金面でのポイントとなります。

③ **設備投資**

事業を始めるにあたって先行投資で発生する費用で、製造業の場合、機械設備や工場の資金です。小売業やサービス業の場合は、店舗の改装費や設備・備品類の資金です。この費用は、後述の「減価償却」という処理をして、複数年で按分した費用を計上します。

図表 45-1　費用の分類と一般的な費用の例

費用の分類	費用の例
①仕入（売上原価） ・顧客に直接提供するものにかかる費用	・商品、製品の購入費用 ・原材料や部品の購入費用 ・部品加工を委託する場合の外注費 ・有償の顧客サービスを委託する場合の 　外注費　など
②経費 ・事業を運営するために、社内で使う費用 ※③の設備投資以外の販管費です。	・家賃、地代 ・人件費 ・水道光熱費 ・運送費 ・販促費 ・社内の仕事のための外注費 ・専門家経費（税理士、社労士費用） など
③設備投資 ・事業を始めるにあたって先行投資で発生する費用	・建物の改装費 ・機械・設備・備品・車両類の購入費用 など

　このうち、利益計画に直接使うのが①の原価と②の経費です。③設備投資は、減価償却費の処理を行って、間接的に使用します。

　具体的には、以下の計算式になります。

　　利益　＝　売上高　－　①売上原価　－（②経費＋③の減価償却費）
　　　　＝　売上高　－　売上原価　－　販売費及び一般管理費※

※正確な経理処理としては、減価償却費も「売上原価に関わるもの」と「販管費に関わるもの」に分けて計上しますが、創業時で減価償却費の額が小さい段階では、販管費の中で計上することが多いようです。本書でも販管費として計上する処理法で解説します（経費＋減価償却費＝販売費及び一般管理費）。

■ 減価償却とは

　業務で使用する建物、機械、設備、車両など、1年で消費せずに複数年にわたって使うもの（いわゆる業務用の耐久消費財）は、設備などの寿命年数（耐用年数といいます）で按分した費用だけを計算・計上し、購入したその年に全額を計上しません。

　減価償却は、「価値を減らしていく」という意味であり、会社が持っている財産（資産）の額を正確に計算するために行うものです。利益を妥当な方法で計算したり、税金を適正に計算するために会計処理として行います。

　税金の計算で使用されるため、すべての設備類について法律で「耐用期間」が決められています。たとえば、車（新車、普通乗用車）の場合であれば、耐用期間が6年であるため、300万円の車は、300万円÷6年＝50万円/年で価値が減ります（購入直後300万円だった車の価値が、1年後は250万、2年後は200万となり、6年経つとゼロになるという考え方です）。

　この毎年減る価値の額を「減価償却費」と呼んでおり、収益計算上は按分して1年分にした「減価償却費」だけを毎年経費として計上します。そうしないと、300万円の設備を入れて毎年100万円の売上が上がる場合、初年度が－200万の赤字で、2年目以降が100万の黒字となってしまい、収支が歪

んでしまうためです（税金も１年目がゼロで２年目以降が高額になります）。

　減価償却の考え方を利用することで、毎年の経費を一定にでき、その結果利益額や税金も設備の使用期間中、一定にできます。

■ 売上総利益、営業利益、経常利益、最終利益

　事業の収益構造をわかりやすくするために、利益計算では利益額を、以下のように段階的に計算していきます。

① 売上総利益 ＝ 売上高 － 売上原価（仕入額など）
② 営業利益 ＝ ① － 販売費及び一般管理費
③ 経常利益 ＝ ② ＋ 営業外利益－営業外費用
④ 最終利益 ＝ ③ ＋ 特別利益－特別損失－法人税

① 売上総利益

　小売業・卸売業では粗利／荒利とも呼ばれ、販売収入から商品代を引いたものです。製造業では工場の労務費等もさらに引きます。価格設定の際には、商品代（仕入額や製造原価）に、営業販売にかかる費用と儲けを乗せることで、販売額を決めます（「ノウハウ41　価格設定の留意点」参照）。

② 営業利益

　売上総利益から販売管理費（営業販売にかかる費用）を差し引いた「本業」の利益です。

③ 経常利益

　営業利益に、本業以外で儲けた収益（家賃、投資の儲け、補助金・助成金など）や使った費用（投資費用）を差し引して計算したもので、企業全体の収益力を示します。

④ 最終利益

　経常利益から、一時的・突発的に生じた特別損益（設備の売却収入、災害や事故による支出、買収による利益など）を差し引き、税金（法人税）を差し引いた額で、これが内部留保になります。

ノウハウ46　資金繰りとその重要性について理解する

Question 46

　経営者が考えるべき重要なことに、資金繰りと資金調達があると言われました。資金繰りとは何ですか？

Answer 46

　仕入代金の支払いと販売代金の回収のタイミングのずれによって代金の先払いの状態が生じたり、借入金の返済によって、当面の仕入代金や経費の支払資金が不足することがありますが、そのような資金不足時に当面の資金を確保することを資金繰りといいます。創業時には特に資金が不足しがちなため、資金繰りには注意が必要です。

　商品やサービスは、顧客に販売し代金を回収して初めて収入になります。商品や材料の仕入代金を支払ってから、販売代金の回収が終わるまでのタイミングのずれによって、仕入代金の先払いが生じ、お金が不足します。そこで、以前の月の売上収入を使って今月の販売のための仕入を行います。収入と仕入のバランスを保って資金不足を防ぐこと（つまり資金繰りを考えること）は非常に重要です。

　資金繰りの問題は、融資により設備投資を行った場合にも発生します。投資した設備がコストダウンや利益を生みだし、返済資金を確保できる予定で融資を受けるのですが、何らかの理由で返済原資が不足した場合に、資金繰りの問題が生じます。

　資金繰りが厳しくなった場合は、売上の回収を急いだり、運転資金の融資を受けたりして、当面の資金を確保しなければなりません。

　資金繰りの問題が生じると、次の月の仕入ができなくなって販売も止まり、事業継続ができなくなる窮地に陥るため、資金繰りの管理は経営者の最重要事項です。資金繰りがひっ迫しやすいのは、仕入費用額＞売上収入額となる局面です。つまり事業を始めた直後や、売上拡大の局面が要注意です。

不況で売上が急減したり、取引先が倒産して売上が回収できなくなったりした場合も資金繰りが厳しくなります。

　資金繰り問題の発生を防ぐためには、①利益があがったときには、今後の支払予定や売上の減少リスクを見越して、内部留保をためておく。常に仕入額や返済額の数ヵ月分の現金は保持するようにして、一時的に売上が減った場合にも耐えられるようにしておく。②余裕のあるうちに融資を受けて運転資金を確保しておく。日頃から銀行と良好な関係を保って、いざというときに運転資金の借入がしやすい環境を整えておく、などの対処をしておくとよいでしょう。

(1) 資金繰りの管理
　資金繰りの問題が発生するのは、仕入と売上と代金回収、設備投資と収益増加、借入と返済など、対応するお金の入出金にタイミングのずれがあるためです。
　たとえば、仕入と代金支払い、売上と代金回収の例を見てみると、販売の方法によって、ずれの期間もまちまちであり、これが資金繰りの管理を難しくしている一因です。企業間の取引では、受発注のたびにお金のやり取りをしていると経理業務の負担が大きく振込手数料も無駄になるため、「月末締め翌月末払い」というふうに1ヵ月分をまとめて請求・支払いをするのが一般的です。現金取引には、店舗での直接販売の場合のほかは、生鮮食品を市場で仕入れる場合などがあります。

◎**売上・仕入・経費に関する入金・支払いタイミングのずれ**
　［仕入］
　・現金仕入：仕入時に同時に支払い
　・買掛けによる仕入：仕入れたタイミングの1〜2ヵ月先

［経費］

・通常の経費支払い：前払いあるいは使った月の翌月

・設備などの購入：購入した月またはその翌月

・カードによる経費支払い：使った月の2ヵ月先

［売上］

・現金売上：売上時に同時に入金

・カードによる売上：1〜2ヵ月後の入金

・売掛けによる売上：売上タイミングの1〜2ヵ月先

　※建設・造船・重機械などの長期プロジェクトの産業では、支払いに手形
　　が使われることがあります。その場合、手形のサイト（支払いまでの期間）
　　が3ヵ月〜1年先になることもあります（つまり入金がそれだけ先になる）。

図表 46-1　仕入と支払い、販売と入金のタイミングのずれの例

		4月		5月		6月	
売上代金	現　金	10,000					
	クレジットカード	20,000	現　金	20,000			
	受取手形	30,000			現　金	30,000	
仕入代金	現金払い	10,000					
	信用払い	30,000	現　金	30,000			
手元現金		0		▲ 10,000		30,000	

　取引先が多い場合には、特に支払いパターンが多くなるので混乱しないようにしなければなりません。このような複雑なタイミングのずれは、会計ソフトやExcelなどスプレッドシートで「資金繰り表」を作って管理しましょう。最低でも月次、支払いタイミングが細かい場合は週次での資金繰り表を作り、数ヵ月以上先までの出入金を予測し、余裕資金がなくなる（残高がゼロに近づく）前に、運転資金の調達・借入や経費支出の削減などの対策を打てるようにしておきます。

(2) 資金繰り表のつくり方

図表46-2は資金繰り表の例です。資金繰り表は、(A)前月繰越、(B)(E)収入（経常・経常外）、(C)(F)支出（経常・経常外）、(H)翌月繰越の4つに分けて管理する方法が一般的です。

資金繰り表で最も重要なのは表の最下段にある「当月残高（＝(H)翌月繰越現金）ですが、それを計算する計算式は、以下のようになります。

(H)翌月繰越現金＝(A)繰越現金（前月）＋当月の収支

＝(A)繰越現金（前月）＋(B)経常収入－(C)経常支出＋(G)経常外収支

(B)の経常収入は、事業活動（ビジネス）による収入で、主に売上です。(C)の経常支出は、事業活動による支出で、仕入や経費、税金による支出です。(G)の経常外収支は、事業活動以外での収支を記載し、収入(E)では借入、出資金など、支出(F)では返済や設備投資を記載します。

基本的には、前項の「ノウハウ45　利益計画の立て方について理解する」の計算と似ていますが、手元現金の流れを正確にとらえるために、以下の違

図表46-2　資金繰り表の例

			4月	5月	6月
前期繰越現金・当座預金(A)					
経常収入	売上代金	現　金　売　上			
		売掛金現金回収			
		手　形　期　日　落			
		手　形　割　引			
	その他収入				
収入合計(B)					
経常支出	仕入・外注費	現　金　仕　入			
		買掛金現金支払			
		手　形　決　済			
	経費	賃　金　給　与			
		地　代　家　賃			
		宣　伝　広　告　費			
		水　道　光　熱　費			
		売　上　手　数　料			
		支払利息・割引料			
		上記以外の経費			
	仕入・外注費、経費以外の支出				
支出合計(C)					
経常収支(D=B-C)					
経常外収支	収入	借　入　金			
		雑　収　入			
		計(E)			
	支出	設　備　等　支　出			
		借入金返済元利金			
		雑　支　出			
		計(F)			
経常外収支合計(G=E-F)					
翌月繰越現金・当座預金(H=A+D+G)					

いがあります。

1) 売上高収入を「現金売上」「売掛金現金回収」「手形（期日引落・割引）」に分けて記載し、売上時期ではなく入金時期で計上します。「売掛金現金回収」は、月末締め翌月払いであれば売上と入金が1ヵ月ずれますので、前月の売上に対する売掛金を計上します。同様な方法で、支払条件に応じて、売掛金売上と手形売上を、月をずらして計上します。現金売上のみ当月に計上します。

2) 仕入および経費の支出についても、「現金仕入」「買掛金現金支払」「手形決済」「経費各項目」に分けて、仕入時期や購入時期ではなく、支払時期で計上します。1) と同様に、「現金仕入」と「現金での経費支払い」以外は、月をずらして前月や前々月の経費を計上します。

3) 営業外の収支（収支計画における「営業外費用」「特別収支」や、収支計画に現れない「出資」「借入」による入金や「借入返済」による出金）を「経常外収支」として記載します。

　経常外収入の「借入金」には銀行や取引先、役員からの借入による入金を記載し、「雑収入」にはそれ以外（設備や有価証券の売却など）による入金を記載します。経常外支出の「設備等支出」には設備導入のための支払いを、「借入金返済元利金」には借入の返済額を、「雑支出」には設備の修理など臨時の支出を記載します。

4) 収支計画で記載した「減価償却費」は、資金繰り表では記載しません。減価償却費は仮想的な費用であり、現金の動きは生じていません。資金繰り表では、3) の「設備等支出」の項目で支払いタイミングで全額を計上しており、現金の動きに即した計上をしています。

　資金繰りの計画段階では、(B)収入予測（予定売上高）に従って仕入高が決まりますので、各種経費やの設備投資などを埋めてみて、(H)の当月残高が低すぎるようであれば、借入や増資などの資金調達を検討し(E)を増やし

たり、経費支出を見直し(C)を減らしたりして、安定した財務運営ができる計画を策定します。

　事業が開始したら、毎月の実績を反映して資金繰り表を常に最新の状態に保ち、将来の資金不足の兆候が出たら素早く対策を打つようにします。

■ 不渡り、黒字倒産、連鎖倒産

　口座の残高不足により、小切手や手形の支払期限到来時に代金の引き落としができないと「不渡り（手形・小切手）」となり、これを2回起こすと銀行取引が一切できなくなり、倒産を余儀なくされます。

　近年は手形や小切手はあまり使われないので不渡りにはなりませんが、請求に対する支払いができなくなると取引先への信頼が全くなくなりますし、税金が支払えなくなっても銀行との取引ができなくなり、事業継続が不可能になります。

　事業は黒字であるのに、仕入や投資にお金を使い過ぎる一方で売上からの入金が滞り、一時的な残高不足で不渡りを出すのが、いわゆる「勘定あって銭足らず」の状態で「黒字倒産」といわれたりします。黒字であれば銀行からの運転資金借入は難しくないため、このようなことが起きないよう、経営者や経理担当者は注意しなければなりません。黒字倒産の多くは、販売先の倒産などで売掛金が回収できなくなり、資金不足に陥る「連鎖倒産」のケースになります。

ノウハウ**47**　開業資金の計算方法

Question 47

　開業資金がどのぐらい必要になるのかがよくわかりません。自分で考えても抜けもれがありそうで、心配なのですが…。

Answer 47

　開業のための必要資金は、大きく分けて、①開業前に（開業のために）必要となる費用、②開業後に売上が安定するまでに必要となる費用、があります。開業費用の項目は、業種・業界によって異なるため、各業界の創業計画書・事業計画書の例を参考にするとよいでしょう。

　開業に必要となるお金には、以下のようなものがあります。

①　開業前に（開業のために）必要となる費用

設立費用	（株式会社の場合）会社の登記や各種手続きにかかる費用。おおむね30万円程度見ておけば大丈夫。
許認可費用	業種によっては、許認可を取らないと営業が開始できないものがあるため、事前に費用や期間を調査すること。
家賃（事務所、店）および事務所の費用	従業員数と必要設備に合わせた事務所または店を借りる必要がある。通常、保証金と最初の数ヵ月の家賃、合わせて6〜10ヵ月分くらいを前払いで支払う必要があるので、注意が必要。融資を受けるにあたっては店舗が確保できていないと受けられないことが多い。また、電話やネットなどの通信費、オフィス家具やパソコンなどの費用もかかる。
設備導入費用	いわゆる「設備資金」にあたるもの。ものづくり事業であれば最低限の製造設備とその導入費用、店であれば内外装の改装費用とインテリア、店内の什器、レジの費用など。サービス業では内外改装費用に加えてサービスに使用する各種設備の導入設置費用が必要となる。設備は新品ではなく中古品やリースで賄い、初期費用を抑えることも可能。
開業・開店の宣伝費用	店であれば開店の折り込みチラシを配布するための印刷、配布費用が必要となる。通常の事業でもパンフレット類、名刺、ホームページくらいは最低限必要。

従業員の採用・教育費用	業種によっては当初から社員やパートなどの従業員を雇わなければならないので、求人広告や人材紹介などの費用が結構かかる。また、開店前に教育も必要となるので、その費用も見込まなければならない。
初期在庫費用	ものづくり企業であれば製品を作るための原材料を調達しておかなければならない。小売業では最初に店に並べる商品（店頭在庫）の費用が開店前に必要となる。

② 開業後に売上が安定するまでに必要となる費用

運転資金	売上とその資金回収による収入が安定するまでは、従業員の給与、家賃などの経費のほか、商品や原材料の仕入費用も持ち出しが続くことになる。最低、商品や原材料を仕入れて販売し現金が回収できるまでの月数の運転資金は確保が必要となるが、「ノウハウ46　資金繰りとその重要性について理解する」で解説したように、売上増加局面では運転資金が不足気味となるので、さらに余裕をもった運転資金の準備が必要。
人件費	運転資金の一部であるが、従業員の給与も、社会保険などの法定福利費を含めると思ったよりも多くの費用が必要となる。
営業費用	運転資金の一部であるが、販売を始めると、旅費交通費や運賃送料、広告宣伝費、販売手数料、各種保険料など各種の営業費用が必要となる。
経営者の生活資金	利益が安定するまでは役員報酬は最低限に抑えるケースが多く、その間の経営者自身の生活費は余裕資金として持っておかねばならない。
専門家費用	事業が回りだすと、税務や労務、契約書作成、知的財産確保などの業務は税理士や社労士、弁護士、弁理士などに依頼しなければならない。
リスク対応費用	設備の初期不良や、製品の初期不良などによる廃棄・回収費用などが発生する可能性がある。また、従業員が定着しないで追加採用が発生することもある。このようなリスク対応の余裕資金もなければならない。

　なお、上記のように開業直後は収入よりも支出が多く資金繰りが厳しくなるため、創業資金の融資にあたっては「据え置き期間」を設定することで、返済負担の大きい元本の返済開始を先延ばししておくことができます。（据え置き期間1年であれば、融資を受けてから1年間は少額の利子の支払いのみで、返済の多くを占める元本の返済を猶予してもらえます。）

ノウハウ**48**　お客さんの集め方について知る

Question 48

　営業や集客・販売の経験に乏しく、お客さんをどう集めればよいか、わかりません。どのように集めればよいですか？

Answer 48

　お客さんにものを売る方法は、①自店舗で販売する、②小売店に売ってもらう、③営業が売る、④代理店に売ってもらう、の4通りです。

　自社の製品やサービスの内容、ターゲットとする顧客層に合わせて、これらのいくつかを組み合わせて販売しますが、どの方法をとるかによって、お客さんの集め方が変わります。

　お客さんに自社の製品やサービスを購入してもらうには、お客さんを集めなければなりませんが（集客）、ものの売り方によって誰を集めるかが変わってくるため、まずは売り方を検討しなければなりません。

　ものの売り方は、自社で売るか他者に売ってもらうかと、店で売ってお客さんに来てもらうかこちらから営業が売りに行くかで、4つに分けられます。

図表48-1　ものの売り方

		販売の方法	
		店舗で売る	営業が売る
販売の主体	自社で売る	①自店舗販売 ・小売業 ・製造業（直販） ・サービス業（消費者向け）	③営業販売 ・卸売業 ・サービス業（事業用途）
	他者に売ってもらう	②小売店販売 ・製造業（通常）	④代理店販売 ・製造業（通常） 　高価なもの、事業用途のもの

① 自店舗販売の場合

雑貨店やアパレル店、飲食店や美容サービス店などのいわゆるお店や、農産物直売所や工場直営店などの製造者・生産者が直接販売するケースです。

この場合は一般消費者をお店に集客することになります。新聞折り込み、ポスティング、フリーペーパーや街頭でのチラシ配りなどを行い、地道に新しいお店の認知度を上げなければなりません。併せて、道路看板や駅貼りポスターなどの広告も行います。ネットショップであれば、ポータルサイトへのバナー広告や検索サービスのキーワード広告、SNS広告などで集客します。

個別の集客は効率がよくないため、一度来店してくれたお客さんを満足させることに注力し、リピート客になってもらったり、紹介・口コミを広めてもらえるようにすることで、徐々に個別集客の必要性が低くなり、効率的に販売できるようになります。

② 小売店販売の場合

百貨店や大手スーパー、ショッピングセンターやサービスエリアなどで自社製品を販売してもらいたい場合は、展示会やマッチングイベントに参加して、それらの小売業者や中間流通の卸業者のバイヤーと知り合うか、それらと取引のある業者から紹介を受けて、置いてくれる小売店を探すのが一般的です。

小売店によって、本社で集中購買を徹底しているケースと、各店舗の店長が仕入の裁量を持っているケースがあるため、後者の場合は直接興味を持ってくれそうな店舗に売り込みに行くのも有効です。

ネット販売の場合は、Amazonや楽天などの大手インターネットモールに出店します。独自で手続きをする方法と、それらのモールへの出店からプロモーションまでを一括で受ける業者に依頼する方法の2通りがあります。後者は費用がかかりますが、モールでのプロモーション方法を熟知しており、販売を立ち上げられる可能性が高くなります。

③ 営業販売

事業用途向けの高額な商品（オフィスや工場設備など）や事業者向けサー

ビス（IT や清掃、メンテナンス、セキュリティなど）の大半は、営業販売が一般的です。一部の消費者向け製品（訪問販売など）もあります。

　営業販売の場合は、自社の商品やサービスを使ってくれそうな企業をリストアップして、DM、テレマーケティング、直接訪問などでアプローチするか、購買決定者が集まる展示会に出展して、デモや展示を行い、引合いを集めてからフォローして販売します。直接アプローチする場合は、ターゲット顧客の HP や業界データベースなどから、電話やメールなどのコンタクト情報を入手したり購入したりします。

　一部の業界では、業界団体のイベントや会議体などがあるため、そういった業界団体に加入してネットワークを広げて引合いを得る方法もあります。

　自社でセミナーなどのイベントを企画してターゲット顧客を集めて、名刺やアンケートでコンタクト先を得てフォローする方法も有効です。興味の高い層が集まるので販売につながる可能性が高いですが、イベントへの集客に手間とお金がかかります。

④　代理店販売

　自社の製品やサービスと類似のもの（競合製品や代替製品）を販売している企業に代理店となってくれるように売り込みます。すでに一定の顧客層を代理店が持っているため、エンドユーザー顧客を一から開拓する必要がなく、短期間で販売につながる可能性が高いです。

　その半面、間接販売の形となりエンドユーザーのフィードバックがわからないことと、競合製品や代替製品の販売条件と比較されて大きな値引きを求められるのが欠点です。③と同様に、業界の展示会やセミナー、業界団体の会議などでアプローチするか、知り合いの会社に紹介を頼んだり直接コンタクトするのが一般的です。

Question 49

　創業したてでいろいろお金がかかるなか、お金をかけずに製品や会社の知名度を上げたいのですが、何か方法はありますか？

Answer 49

　ひと手間かかりますが、マスメディアや、SNSなどの個人メディアをうまく活用しましょう。

　皆さんは、好きな趣味の雑誌に、大きい広告でアピールしている商品と、本文の特集記事で説明がある同じような商品があったとき、どちらを買いますか？　おそらく本文の記事にあるほうではないでしょうか。同じように、SNSでフォローしている有名人がおすすめしている投稿と、「広告／PR」と出ている有名メーカーの似たような商品が表示されたとき、どちらをクリックしますか？　おそらく有名人の投稿でしょう。広告ではなくお金をかけずに知名度を上げる活動が、広報（PR）です。

図表49-1　広報と広告の違い

	広報	広告
費用（媒体コスト）	小	大
制約（記事の内容）	大	小
信頼性（記事）	大	中
対象（記事を見る人）	不特定多数	絞れる
情報のインパクト	大	小

①　広報活動（PR）とプレスリリース

　お金を払わないで会社や製品の情報を流してもらうようにする活動を「広報（PR＝Public Relations）といいますが、広告よりも大きな効果が得られます。人は売り手が言っていることより、利害関係のなさそうな第三者が言っている情報のほうが信憑性が高いと判断するからです。

　しかし広報活動は、TVや新聞、雑誌などのマスメディアに知り合いでもいないと取材してもらえないから、受け身でしか対応できないのでは？と思っている方も多いと思います。しかしある程度、こちらから働きかけてマ

スメディアへの掲載を促す方法があり、それがプレスリリースです。

　マスメディアの記者も、常にニュースバリューのある情報を探していますので、自社や製品の情報を「価値ある情報」としてプレスリリースすれば、記者が取り上げてくれ、新聞や雑誌、場合によっては TV に取材される可能性も十分にあります。プレスリリースは各メディアの受付窓口に投稿するだけであり、自分で行えますが、代行業者を使って行うこともできます。創業支援機関などで代行サービスを行ってくれるところもありますので、活用するとよいでしょう。TV のキー局や全国誌に取り上げられるのは難易度が高いですが、ローカル TV や業界紙・誌、ミニコミ誌に取り上げられることはめずらしくありません。

　マスメディアに取り上げられるメリットは、その記事情報を流用して、信頼性の高い宣伝コンテンツとして再利用できる点です（有名ラーメン屋にグルメ雑誌のスクラップが貼ってあるのはよく見かけると思います）。大抵のメディアはそのような再利用を許可してくれますので（有料の場合もあり）、ホームページに掲載したり SNS で配信したり、営業活動でカタログと一緒に配ったりすれば、大きな効果が見込めます。

②　SNS（ソーシャル・ネットワーキング・サービス）の活用

　近年、SNS が、ユーザーのロイヤルティを上げたり、口コミの拡散を狙うための宣伝ツールとして、注目を集めています。SNS は、性別・世代どころか国境も超えて口コミのネットワークを形作っており、リアルタイム性と大きな広がりのある、一種のメディアとなっています。個人が情報を上げたり引用して流したりする様子は、私たち1人1人があたかも個人メディアの記者になったかのような形です。最近は、マスメディアも SNS で噂になっているワードを紹介してそれをトレンドとして報道したり、SNS の投稿をそのまま流したりして、SNS 抜きでは報道が成り立たないほど影響力が増しています。そのため、多くの企業が、SNS の拡散力に期待して、「企業アカウント」を開設して情報発信を始めています。

　その一方で、SNS の利用に失敗している企業も数多くあります。その多

くは SNS が「情報を押しつける」のではなく「共感をシェアする」場であるということを十分理解せずに、手軽で安価なダイレクトメールとして使っている場合です。

　SNS は、あくまで、潜在顧客の共感を得て見込み客になってもらったり、既存顧客の共感を得てロイヤルティを上げて、そのお友達に情報を拡散してもらうことを主眼において運用しなければなりません。

　創業したての企業にとっては、SNS のような費用がかからずに口コミを広げられるツールは、非常に有効な武器となります。うまく活用できれば大企業のお金をかけた広告以上の成果を得ることもできます。

　ぜひ SNS の特性を生かして広告宣伝に有効活用することで、会社の知名度を上げましょう。そのためには社長自ら積極的に顧客に情報発信をして、顧客の共感を得ることに努めましょう。社員や広告業者に運用を丸投げしてはいけません。

■ 主なソーシャルメディアとその特徴

	Facebook	Twitter	Instagram	YouTube	Line
投稿形式	テキスト＋画像	テキストが主（短文）	画像	動画	テキスト＋スタンプ
外部リンク	○	○	×	△	○
シェア	○	○（RT）	×	△（SNS 経由）	△
公開範囲	クローズ（企業ページはオープン）	オープン	オープン	オープン	クローズ
匿名可	不可	可能	可能	可能	可能
拡散性	高くない、「友達の友達」まで	高い	高いが、フォロワー中心	中程度	低い、フォロワーのみ

ハッシュ タグ	あまり 使われない	よく使われる	よく使われる	使われる	あまり 使われない
企業用 ページ	あり (Facebook ページ)	なし	あり	あり (Youtube チャンネル)	あり (Line 公式 アカウント)

・Facebook：SNS の最大手サービスで、クローズ型の SNS。業務用では名刺交換替わりに使われるとともに、一般公開用に簡易ホームページ（Facebook ページ）を作成運用できる。ユーザーのプロフィールデータを使ったターゲット広告もよく使われる。Facebook メッセンジャーは、海外では Line のように広く個人間のメッセージサービスとしても利用されている。

・Twitter：SNS の元祖ともいえるサービスで、特に日本での人気が高い。オープン型の SNS で情報の拡散性が強いのが特徴。知らない人でも自由にフォローでき、投稿がインターネットから自由に見えるため、拡散性が高い。ビジネス用途には、消費者向けのファンづくりや、ハッシュタグ（#）を活用したキャンペーンの告知拡散に利用されることが多い。

・Instagram：画像シェア型 SNS の最大手で、嫌味なく「自分をよく見せる」ことができることから、女性の利用度が高く、「インスタ映え（英語では Photogenic）」という流行語を生んだ。デザイン性をアピールする商品（アパレルなど）の顧客開拓に活用できる。

・YouTube：動画共有サービスの最大手。企業などが専用チャネルを作成することができる。事業用途には、新製品発表の宣伝動画の掲載だけでなく、マニュアル動画など製品の操作説明や、ユーザー事例紹介など、動画メディアとして広く活用されている。

・Line：クローズ型のネットワーキングサービス。日本、台湾、タイで主なメッセンジャーとして利用されている。スタンプを使った豊かな感情表現で広まった。企業ページ（公式アカウント）を設置でき、ユーザーコミュニティの運営やリピーター向けのキャンペーンなどに利用されている。

■「バズる」と「炎上」

Twitter などの拡散性の高い SNS では、短時間に特定の投稿が大人数にシェア（Twitter ではコメントを付けてシェアすることを「リツイート」という）されることがあります。よい内容で爆発的にシェアされることを「バズる」と呼び、悪い意味の場合は「炎上（する）」と呼ばれる（バズる＝英語の buzz（ざわつく）が語源）。投稿がバズるとマスコミなどが取り上げて大きな宣伝効果がある。一方で、企業で Twitter などの運用をするときは、「炎上」を避けるために、差別的なコメントや誤解を招く表現をしないように留意しなければなりません。

■SEO（検索エンジン対策）と
キーワード広告（リスティング広告）

お客様に、自社のホームページに訪問してもらうためには、どうしたらよいでしょうか。

"ググる" という俗語があるように、お客様は自身が抱える問題や課題を解決するため、スマートフォンなどを活用して、欲しい情報が入手できないか、"検索" して情報を探します。この検索で上位に表示されない情報は、永遠に閲覧されません。検索で上位に表示されるための方策として、SEO（Search Engine Optimization：検索エンジン最適化）があります。

Google などの検索で上位に表示されるためには、技術的にはいろいろな方策がありますが、最も基本となるのは、検索で入力した言葉と、当社のホームページのタイトルや内容に関連性が高くなるようにホームページをつくることです。専門的な部分はホームページを構築するベンダーとの相談になります。過度に SEO を行った Web サイトは、人間にとってわかりにくいものになったり、スパムサイトと見なされることがありますので、注意しましょう。納得のいくまで検討することをお勧めします。

SEO とともに、Web 上で即効性のある集客手段として使われるのがキーワード広告（リスティング広告）です。皆さんも Google を使っているとき

に「広告」というタグ付きで、検索結果の上部や右部に、企業広告が出ているのを見たことがあると思います。

　その特徴は、①ユーザーが広告主のWebサイトと関連性の高いキーワードを入力したときにのみ表示される、②クリックされたときにはじめて課金される成果報酬型広告である、という点です。比較的低コストから利用できるため、創業者にも利用しやすい広告です。

【ケーススタディ】

● SNSの集客への効果的な活用

　フェスイベントなどに出店を行い、特徴のあるファッションアイテムをそろえる東京のK店は、SNSを集客に積極的に活用すべく、デザインがアピールできるInstagramのアカウントを開いて情報発信を行ってきました。それにより、一定数の新規顧客がSNSにより獲得できるようになり、今では売上の2割を東京以外からのネット注文が占めています。Instagramの運用にあたっては、こまめに自社のテイストに合うインフルエンサーをフォローしたり、適切なハッシュタグをつけることで、SNS上からの流入を確保しています。

　「SNSを導入しても集客効果がなかった」と嘆く経営者の話をよく聞きますが、SNSは元来、即効性のあるツールではないので、地道にファンを増やすために使いたいものです。そして、地道な運用を続ければ、この店のように集客に結びつけることもできるのです。

ノウハウ**50** ストアコンセプトと店内プロモーションについて知る

Question 50

お店を開きたいのですが、「まずどういう店にしたいのか、コンセプトが重要」と言われました。どのように考えればよいですか?

Answer 50

ストアコンセプトは、お店の特徴を見込み客や従業員、取引先、金融機関などの関係者全員にわかりやすく伝えるもので、お店のキャッチフレーズやセールスポイントになります。

　飲食店、居酒屋、ブティックなど、小売業や飲食・サービス業でお店を開くときに重要となるのが、ストアコンセプトです。有名なものとしては、吉野家の「はやい、うまい、やすい」や、スターバックスの「サードプレイス」、ドン・キホーテの「驚安の殿堂」などがあります。

　お店がお客さんに伝えたい価値そのものがストアコンセプトであり、お客さんが来店したときに受ける雰囲気や印象であり、帰るときに感じる気持ちや満足度です。お店の運営方針のすべては、ストアコンセプトと整合性がとれた一貫性のあるものでなければ、何度も足を運んでくれる固定客、家族や友人に店をお勧めしてくれる熱心なファンを獲得することは難しいでしょう。

　「こういった店を持ちたい」という夢があって事業を始める場合は、ストアコンセプトが先にある場合もありますが、一般的には、「どんな顧客層に、どのような商品・サービスを、どのように提供したいか」を明確化していきながら、キャッチフレーズとしてのストアコンセプトを決めていくとよいでしょう。具体的には、以下のような内容を明確にしてみます。

　① ［客層］どのような客層をターゲットにするか

　お店にはいろいろなお客様が来店しますが、その中で中心となる顧客層を選び「どんな顧客層向けに」店づくりを行うかを決めます。これが明確でな

いと、特徴のない店になってしまいます。競争の激しい立地ではこれを絞り込む必要がありますし、競争が少ない立地では全世代を広く取り込むため、全顧客層向けにあえて特別なカラーを持たない店づくりを行うこともあります。

なお、来店客自身も、お店の雰囲気をつくる重要な要素になります。もし来てほしい顧客層を絞り込みたいなら、逆に来てほしくない顧客が入らないような店づくりにすることも必要になります。リッチな女性向けの店であれば喫煙席は設けないほうがよいですし、カップル向けの店であれば大声で会話をするグループがたくさん来店するのは、せっかくの店の雰囲気を壊してしまうでしょう。品揃えや価格帯、店の設備を調整することで、来てほしい客層だけが来店し、来てほしくない客層の足が遠のくようにするのがよいでしょう。

② ［品揃え］どのような品揃えを提供するか

お店ではいろいろな商品を扱いますし、サービス業ではサービスメニューの内容が重要になります。品揃えはお店の風景・雰囲気の一部にもなりますので、オーナーのセンスが問われる部分でもあります。品揃えの深さ・幅や価格帯も①の顧客層に合わせて決めていきます。

③ ［内装・外装］どのようなデザイン、雰囲気の店にするか

お店の雰囲気を直接的に決めるのがエクステリア（外装）、インテリア（内装）です。外装には壁・窓などの外装だけでなく看板や窓から見える店内風景も関係します。内装は、壁紙、照明の色や明るさだけでなく、棚や什器、店内設備やPOPまで、お店の雰囲気に影響します。

④ ［接客］どのような接客サービスを提供するか

昨今の「おもてなし」全盛の時代、どの店も接客技術や接客サービスの向上に励んでいます。単に商品を売る・サービスを提供する、だけでは不十分であり、いかにお客さんに満足してもらい再来店につなげるか、が非常に重要です。店員の接客の仕方を決めるだけでなく、制服や言葉遣いをどうするか、さらには店員の年齢や性別についても考慮がいるかもしれません。常に

礼儀正しい接客が望ましいかというとそうではなく、素材の新鮮さを売り物にする居酒屋であれば、威勢のよい応対やその日に仕入れた新鮮な素材の知識を解説するような接客が好まれるでしょう。

　要は、①の顧客層が店に何を期待しているかを想定し、それに合った応対をすることが重要となります。高い品質の接客には店員教育も必要になりますし、お客様を待たせない店員の数も必要になりますので、必然的にコスト高となります。それだけの客単価になる顧客層かどうかも見極めながら、接客内容を決めなければなりません。

　これら①～④の項目は、「一貫性」が大事です。せっかくインテリアにお金をかけても、接客が未熟であれば顧客はがっかりして帰ってしまうことになります。落ちついた和食店であれば、ネイルをつけた若い女性店員の接客は、おいしい和食の雰囲気を壊してしまうでしょう。贈答用の商品であれば、接客カウンターで店員がしっかり案内し、売り切れ御免の特売品であれば、商品をわざと段ボールに入れたままセルフサービスで提供してもよいかもしれません。いずれも「想定顧客層」とその「顧客ニーズ（顧客の期待）」を軸にして一貫性を確保するよう、留意します。

　①～④のような店の運営方針と想定顧客が固まったら、あとはそれをわかりやすい言葉で「ストアコンセプト」としてまとめるだけです。冒頭で上げたキャッチフレーズのようなものにしてもよいですし、「誰に、何を、どのように提供する」という短い文章で説明してもよいでしょう。

ノウハウ51　商品やお店のファンを増やすには

Question 51

　飲食店をやろうと思っています。味には自信があるのですが、食べて
もらわないとわからないので、リピーターづくりや口コミが重要と思っ
ています。リピーターや口コミを増やすのに有効な方法にはどんなもの
がありますか？

Answer 51

　リピートや口コミは来店客が自主的に行うもののため、「してもらいや
すくする」環境づくりがポイントです。①覚えてもらうツールの提供、
②再来店のきっかけをつくる活動、③共有しやすくするツールの提供、
④友人紹介プログラムの提供、に取り組むとよいでしょう。

　創業したばかりのビジネスにとって、最も重要なことが「リピーターの確
保」です。「一度来店してくれた顧客に再来店してもらう」、「一度購入して
くれた顧客に再購入してもらう」ことです。そのために重要になるのが「リ
ピーター」と「口コミ」です。リピートや口コミを促すには、以下のような
取組みを行うとよいでしょう。

①　覚えてもらうツールの提供

　人の記憶力は曖昧です。あとから「あの店よかったな」とか「あの商品買
いたかった」と思っても、探せないことがよくあります。そのため、店のカー
ドやチラシなど、簡単に持ち帰れて、お店の場所や商品について思い出せる
ようなツールを提供します。最近は、ホームページやSNSの公式アカウン
トを作成しておき、初回来店時に案内するのも必須です。

②　再来店のきっかけをつくる活動

　再来店のきっかけづくりには以下のような仕掛けが定番です。

1）ポイントカード

　リピートを促す定石としては、ポイントカードや次回来店時に使えるクー

ポンがあります。効果は大きいですが、お店や営業のオペレーションが複雑になるので、現場の過度な負担にならないように導入します。また、ポイントはお客さんに一種の値引きととられますので、業種・業態によってはポイント頻発により、お店や商品のイメージダウンにつながらないように留意しましょう。

◎ FSP（＝ Frequent Shoppers Program）

リピーターを重視して利用度に応じたポイント付与（マイレージカード）を行うプログラムが、大きく広がるきっかけになったキーワードです。

ある航空会社が、顧客別の収益貢献度を調べたところ、売上の8割はたった2割のリピーターによってもたらされていることと、新規顧客の獲得コストは、既存顧客の維持コストの5倍になることがわかりました。このことからリピーターを優遇して顧客を囲い込むのが収益向上の近道であると考え、今では当たり前となった「マイレージプログラム」（飛行距離数（マイル）に応じて、座席のアップグレード権や無償特典航空券がもらえる）という優遇プログラムを開発し、その発祥となりました。

安価な商品のクーポンはそれ以前にもありましたが、航空券のような高価で、かつビジネス用途の購入に取り入れられたことで、大きな効果を上げ、画期的な取組みとなりました。習慣性のあるサービス業では特に有効で、今では航空券から離れても「マイレージプログラム」と呼ばれて、あらゆる業種に取り入れられています。

2）ダイレクトメール（DM）、メールDM

顧客に定期的にお店や商品の情報をお知らせします。さらに、クーポンやノベルティなどでお店に足を運んでもらうきっかけをつくります。レストランで「お誕生日月のキャンペーンDM」を送るのが典型的な例です。

最近はインターネットが使えるため、必ずしもお店に来てもらわなくてもWebショップに誘導することも有効です。

　ただし、あまり頻繁にキャンペーンの案内を送ると顧客から嫌われるため、注意が必要です。せっかく手間をかけて DM やメールを送っても、顧客を離反させる逆効果になってしまいます。自社のメールが迷惑メールになることは避けなければなりません。それを防ぐためには、後述の CRM を行って、興味を持ちそうな顧客だけに、特定のキャンペーンや新製品情報を送り、ターゲッティングした情報提供を行います。

③　共有しやすくするツールの提供

　人は、お気に入りの店や掘り出し物の情報があると、人に紹介したくなるものです。また、利害関係のない知り合いからのオススメは、広告などと違って信頼性が高く、よい印象を与えられます。この原理をうまく使うのが「口コミ」です。既存顧客はあなたの店や商品の最もよい営業マンになってくれます。

　口コミは何気ない会話の中で生まれるため、自社のお店や商品についての情報を携帯してもらわねばならず、一昔前までは口コミを促進する効果的手段はありませんでした。しかし、昨今のインターネットとスマートフォンの広がりによって、それが容易になりましたので、それを有効活用しない手はありません。スマートフォンを使うことで、お店や商品の画像を友人に見せたり、お店のホームページのリンクをシェアすることが非常に簡単になりました。

　その典型例が、「インスタ映え」する、奇抜で美しい商品やディスプレイを提供することでしょう。来店客は積極的に画像を、友人・知人にシェアしてくれます。

　口コミを促進するには、

・ホームページを整備して、お店カードにアドレスを記載して渡す。Google など検索エンジンで表示されるよう、最低限の SEO（「ノウハウ49」参照）を行っておく。

・SNS の公式アカウントを作成して、お客さんにフォローを促す。来店時にお客さんに割引を提供したり、ノベルティを渡すことで、SNS の

フォローを促すとよいでしょう。

・お客さんが「シェアしたくなる」ような話題を提供する。お店や商品の
こだわり、由来を説明してお客さんに「うんちく」を語れるようにした
り、制作現場や調理場をあえて顧客に見せるのもよいでしょう。先ほど
の「インスタ映え」する商品やインテリアを開発するのも一例です。

④　知り合いと再来店することによるメリットを提供する

③で友人に紹介してもらうだけでなく、一緒にお友達をお店に連れてきて
もらいましょう。「お友達紹介キャンペーン」「グループ割引」などで同行来
店を促します。最近の携帯電話の「家族割」はこの典型例です。

メリットは「紹介者」に提供するケースと、「紹介された人」に提供する
ケースがあります。「紹介者」にメリットを提供するのが一般的ですが、「紹
介された人」にも提供すると、お友達を誘いやすくなるでしょう。

たとえば、レストランで、ソムリエが特別にワインについてわかりやすく
説明したりテイスティングさせてくれるとか、紹介した人にはワインを1本
サービスする、などの仕組みもありえます。

◎ CRM（Customer Relationship Management）

翻訳すると「顧客関係性管理」となりますが、今では「CRM」として日本でも広く認知されています。顧客満足度と顧客ロイヤルティの向上を通して、売上の拡大と収益性の向上を目指す経営手法です。

具体的には、前述の「FSP」の考え方に基づき、個々の顧客の購買履歴や、サービスの利用履歴、さらにはクレーム履歴までも管理して、顧客ニーズを予測して、顧客にいろいろな働きかけを行います。たとえば、前述のお誕生日月のクーポン発行のほか、「購入後一定期間を経過したら、サプライ品の追加購入や新製品の案内を行う」、「ある製品を購入した顧客だけに、新製品の案内を行う」など、いろいろな活用法があります。

Amazon のリコメンド機能（「この商品を購入した人は、他にこのようなものも購入しています」というオススメ機能）は、複数の顧客のCRM データを活用した画期的な仕組みといえます。このような個々の顧客の情報管理にはデータベースやコールセンター技術をはじめとしたIT 技術が不可欠になっています。

ノウハウ 52　売上の回収と決済をスムーズに行うには

Question 52

> 店を開くのですが、現金以外にクレジットカードやスマホでの決済手段を提供する必要があると感じていますが、どのようにすればよいですか？

Answer 52

> 一般に、高額品はクレジットカード、コンビニでは現金以外に電子マネーなどキャッシュレスの支払いなど、お客様の要望に合った形で決済手段（支払い方法）を数種類用意することが顧客サービスにつながります。ただし、導入コストもかかるため、自店の顧客層に合ったものを選定しましょう。

　長らくキャッシュレス決済が遅れているといわれていた日本ですが、2019年はキャッシュレス元年となり、「○○ペイ」という名前のスマホアプリを利用した決済が急速に普及しました。スマホアプリを利用することで、店舗側の設備導入が不要になり、キャッシュレス決済の導入の壁が一気に下がったのです。

　小売業・サービス業の生産性の低さを危惧している政府も、消費税増税の不満緩和と結びつけてキャッシュレス決済の優遇措置を提供するなど、強力に後押しをしており、一般消費者を相手とするビジネスにおいて、キャッシュレス決済への対応は不可欠になったといえます。

　現在、商品決済の手段（支払い方法）は、現金だけでなくクレジットカード、交通系カード、スマホアプリ決済など、いろいろな種類があります。現金以外の決済手段のメリットとデメリットは、以下のようになります。

　ただし、それぞれの決済手段に応じて、手数料や機器の導入費用がかかり、店舗のオペレーションも複雑になり店員教育も必要になりますので、どの決済手段を導入するかは、顧客サービスと自社のメリットを勘案してしっかり

検討しましょう。

　キャッシュレス決済の一般的なメリット・デメリットは、以下のようになります。

［メリット］

・顧客サービスが向上する。現金の手持ちが少ない顧客に販売できる（特に高額品）。ポイント還元やマイレージを顧客が貯められる。

・現金の受け渡しによるミスが減少する。

［デメリット］

・決済手段によるが、通常、販売代金の回収が 1 ～ 2 ヵ月遅れる。

・利用手数料がかかる。設備導入が必要な場合がある。（読み取り用の機器や、場合によっては対応するための POS レジなども必要に）

・数多くの決済手段を導入すると、店舗のオペレーションが複雑化し、店員教育も必要となる。

　また、決裁手段ではありませんが、業種によっては以下のようなものも活用されています。

・ポイントカード

　商店街や会社が独自に発行しているポイントカードで決済する種類です。貯めたポイントで買い物ができたり、プリペイド機能があるものもあります。

・ギフト券、商品券、図書券

　いわゆる金券といわれているものです。贈答用として使われています。アルコールなどを購入するときによく使われています。

図表 52-1　決裁手段の比較

決済手段	特　徴	利点・欠点
1. クレジット払い	商品を購入したときの決済は、後日銀行口座などから期日までに引き落とされる仕組みです。後払いの仕組みで、店舗ではデータを読み込む端末が必要になり、手数料が別途かかります。	[利点] ・広く利用されている ・確実に回収できる [欠点] ・数%の手数料かかる（店側負担） ・専用端末が必要
2. 電子マネーでの支払い（交通系・商業系）	商品を購入したときの決済は、カードにあらかじめチャージしてある金額から支払われる仕組みです（先払い、プリペイド）。後払い（ポストペイ）のものもあります。	[利点] ・（利用者は）ポイント制度などが利用できることが多い [欠点] ・専用端末が必要になり、手数料が別途かかる場合がある
3. QRコード決済（アプリ決済）	スマホアプリを使った決済です。アプリをクレジットカードや銀行口座と紐づけたり、アプリに現金をチャージしたりと、さまざまな方式があります。	[利点] ・利用者は、個人情報がお店に伝わらない ・店舗に専用設備が不要な方式もあり導入がラク [欠点] ・顧客向けに Wifi 環境の整備をすることが望ましい
4. 代引き	宅急便業者などが購入者に商品を配達する際に料金を徴収してくれるサービスです。	[利点] ・代金回収リスクがない [欠点] ・代引き手数料がかかる

ノウハウ53　資金回収の重要性を理解する

Question 53

　遠方や海外の会社に販売したいのですが、お金が回収できるか心配です。どのようにすればよいですか？

Answer 53

　与信管理を適切に行い回収ができない場合に備え、与信保全の方法を準備しておきましょう。

　事業を行っていくうえでのリスクにはいろいろな種類がありますが、そのうち日常的に最も起こりやすいのが「回収リスク」です。商品と請求書を送ったのにお金が振り込まれない、逆に、発注してお金を送ったのに商品や部品が届かない、といったことは、意外と日常的に起こっています。

　一般消費者相手のビジネスであれば、現金販売にするか、前項で紹介したような、クレジットカードなどの決済手段を用いることで、回収リスクを減らすことができます。相手が企業である企業間取引である場合は、自ら取引先が安全な相手かを確認し、かつ安全な方法で取引をする必要があるので、会社員として営業や購買業務を行った経験のない人は、注意が必要です。営業の仕事でよくいわれることですが、「回収するまでが営業」であって、注文を取ってきても代金が回収できなければ、売上どころか損失を会社に与えることになるのです。

　未回収が発生する原因には、以下のようなものがあります。基本的には発注や契約から、入金予定日までの期間が長ければ長いほど未回収リスクが高まりますので、できるだけ早い回収条件を交渉・設定をすることがまず第一のポイントです。

［未回収となる理由］

・取引先が経営困難に陥り、販売の場合は支払えない、仕入の場合は商品が送れない、または代金の返金ができない

・単純な業務上のミスで、相手方の経理が請求書を見落とす、または処理を間違える、またはこちらの経理が請求し忘れる
・相手先に悪意があり、当初から騙そうとしている場合

　未回収の発生は、商品や部品の場合、自社の顧客に納期遅れなど迷惑をかけたり、金額が大きい場合は、自社の資金繰りが回らなくなり、金額が大きい場合には最悪、倒産または破産の憂き目にあってしまいます。そのため、以下のような予防措置をしっかりとるようにしましょう。

　①　支払条件や納品条件を記載した契約書をしっかり結んでから取引を行う

　「ノウハウ25　契約の結び方」の項で解説しましたが、売買契約や個別契約を結び、納品条件、納期、支払方法、支払期限などについて契約しておきます。「言った言わない」のトラブルを避けるため、発注、納品、請求については必ず文書（最低でもメール）に記録を残して相手の確認をとるようにします。途中で条件が変更になるケースでは特にミスが発生しやすいので、口頭ではなく、必ず記録に残る方法でやり取りします。反社会的組織でないかの確認も、契約書の中でしっかり行っておきます。契約書を結ぶことは、問題が起きた場合の自社の主張の証明となるだけではなく、「相手に隙を見せない」という事前の牽制の意味合いもあります。

　②　受発注または契約の前に信用調査を行う

　初めて取引をする会社は、その会社が実際に存在するかの営業実態の有無と、その会社の財務状況（具体的には倒産リスク）などを確認します。

　代表的な確認方法には、以下のようなものがあります。

1) ホームページなどで企業概要を確認する。株式公開をしている企業であれば、IR情報（投資家向け情報）などで業績などを確認する
2) 信用調査会社の調査レポートやデータベースを活用する
3) 登記簿を入手して、商号・本店所在地・目的・役員に関する事項等、会社に関する基本的な情報を入手し、相手先の名刺情報などが正しいかを確認する

4）登記上の住所を実際に訪問して事務所や営業実態を確認する

5）信用調査専門業者に個別調査依頼を行う

　1）は必ず行うとして、その次に日常的に手軽に使えるのは、利用料はかかりますが、2）の信用調査会社です。2）を中心にして、金額の大きな取引など重要な案件では、3）4）、さらに5）の方法を併用するのがよいでしょう。取引先が小企業や設立直後で信用調査会社のデータベースにも存在しない場合は、3）4）5）などの方法をとらざるをえません。

　取引先の登記簿（商業登記の履歴事項全部証明書等の登記事項証明書）は、最寄りの法務局に行って取り寄せることができますし、登記情報提供サービスによりインターネット経由で登記情報を取り寄せることもできます。

◎信用調査会社のサービス

　最大手の帝国データバンクをはじめとして、東京商工リサーチ、リスクモンスターなどが有名です。海外ではエクスペリアンなどが大手ですが、上記国内の調査会社と提携しており、それらから情報を利用できます。

　信用調査会社のレポートを購入すると、設立年月日や代表者、住所などの基本情報から、直近の決算書の概要、調査会社による倒産リスク格付け、代表者のプロフィールまで得ることができます。

　なお、信用調査データベースは、株式公開しておらず決算情報の開示義務がない企業の情報入手にも活用できますので、競合企業の売上や財務状況を調べるのにも役立ちます。

---

③　初回取引では、安全な方法を取る

　リスクがあると判断した新しい取引先との初回取引では、相手側に先に対応を行うようお願いします。販売の場合では、代金を当社口座に入金したことが確認できしだい商品を発送し、仕入の場合であれば、先方の商品が届いたことを確認後に代金支払いを行います。一度に前払いが困難な高額設備などのケースでは、リース会社を間に入れてもらって、分割払いによる長期回

収のリスクを、リース会社に引き受けてもらうこともあります（この場合、リース会社が信用調査を行い、リース料もかかってきます）。

④　**与信管理を行う**

与信とは、信用を与えること、つまり取引先に商品を販売したのち、売上債権を回収するまで信用を与えることをいいます。通常、取引先ごとに与信の枠（取引額の枠）を決めておき、リスクの少ない範囲で取引額の上限を設定して管理します（与信管理といいます）。与信の範囲内での取引は現場判断で行いますが、与信枠を超える場合は社長決裁にして追加調査を行う、などの対応を行います。与信管理は、大口顧客を重点的にかつ継続的に管理する必要があります。

なお、スタートアップ企業がこのような措置をすべての取引先に対して行うことは、時間的・労力的に難しいこともあります。その場合は、金額の大きい取引先と、自社の顧客にも迷惑がかかる恐れのある取引（納期の長い部品や調達困難な材料など）について重点的に対策をとるとよいでしょう。

事務的なミスではない、倒産や詐欺的行為の未回収が起きてしまった場合は、完全な回収が困難になります。法律の世界の話になりますので、速やかに専門家に相談しましょう。

◎経営セーフティ共済（中小企業倒産防止共済制度）

中小企業向けの支援制度で、取引先が倒産した際に、中小企業が連鎖倒産や経営難に陥ることを防止する制度です。無担保・無保証人で借入が可能で、掛け金は損金または必要経費に算入できる税制優遇も受けられる制度です。もしもに備えるセーフティネットです。

ノウハウ54　起業した後に会計・税務で知っておくべきこと

Question 54

起業した後の会計や税務ですべきことにはどんなことがありますか？

Answer 54

法人が納める税金には、法人3税、財産に関わる税、取引に関わる税、消費に関わる消費税があります。

個人事業主は、通常の「所得税」「住民税」に加えて、「消費税」「個人事業税」を支払います。

会社が納める税金には、利益にかかる、法人税、住民税、事業税、いわゆる法人3税のほかに、固定資産税や自動車税など財産に関わる税、印紙税や不動産取引税など取引に関わる税、消費税を代表とする消費に関わる税があります。主なものを以下に解説します。

法人3税		
国　税	地方税	
法人税	住民税	事業税

①　法人税

株式会社など法人の所得にかかる税金のことです。会社は決算期ごとにその期間の所得をもとに税額を計算して申告・納税をします。会社の資本金額（資本金1億円以下かどうか）と所得額（800万円超かどうか）の規模に応じて、課税方式や税率が異なります。日本の法人実効税率（国・地方）は、平成30年度で約29％です。

地方税の住民税は、地方公共団体に支払う税金です。法人も住民と同じように、地方自治体が提供する独自の公共サービスに対し、納付の義務が発生します。

事業税は、法人が事業を行ううえで使用する公共サービスに対して納付の義務が発生するものです。所得の2～5.78％の税率になります。住民税は都道府県のほか市町村にも税を納付しますが、事業税は都道府県への納付のみ

で、市町村には納付しません。

　法人3税は、納付期限（通常、会計年度終了後2ヵ月以内に前年度分を納付）までに、現金または預金で納めなければなりません。つまり、納期限に現金を準備しておく必要があります。現金キャッシュを準備しておく必要がある点についても留意しておく必要があります。法人税は赤字決算の場合はゼロですが、住民税・事業税は儲かっていなくても課税されます。

◎赤字の持越しと法人税の還付

　損失が出て赤字決算となった場合の税金の優遇措置として、以下の2つの制度があります。

1）　欠損金の繰越控除制度

　青色申告を行っている個人事業主や中小法人（資本金1億円以下の法人）が、赤字（欠損）が出たときは、赤字を翌期以降に持ち越すことができます（最大10年間）。「持ち越す」というのは、翌年度以降に黒字が出たときに、税金計算上、過去の赤字と相殺して課税所得額を減らし、黒字年度の税額を減らすことができます。

2）欠損金の繰戻しによる還付制度

　1）のケースと逆に、初年度が黒字で2年目が赤字となった場合は、欠損金の繰越はできません。そこで、赤字が出たときは前の期に支払った税金の還付を受ける、ということができる制度が設けられています。この制度は、青色申告の中小企業者が対象です。還付される法人税は、直前期に支払った法人税のみが対象です。還付できなかった赤字額は、残りは繰越欠損金として繰り越せます。

---

② 　固定資産税

　財産に関する税金で、1月1日の時点で所有する固定資産に課す税金で、市町村の決定した固定資産税評価額に基づき課税されます。主に、土地、家屋、償却資産などが対象となります。税率は原則1.4%となっています。

③　個人事業税

　地方税の1つで、個人が事業を行っていることに対して課せられる税です。業種によって税率は違いますが、税率は3〜5％で、ほとんどの業種で4％となっています。1年間の事業につき一律290万円が控除されるので、年間事業所得が290万円以下の場合は個人事業税はかかりません。確定申告をしている場合は申告不要です。納付は8月と11月の年2回で、都道府県に納めます。個人事業税を支払った場合には、経費として処理できます。

④　消費税

　平成元年（1989年）に導入された、消費をしたことに対してかかる税金です。累進課税の所得税とは違い、スーパーなどで物を購入したりする場合に課される税金です。消費者が負担し事業者が納付します。令和元年（2019年）10月より、10％（食品など一部の物品は軽減税率の8％）となりました。

　消費税は、商品・製品の販売やサービスの提供などの取引に対して、広く公平に課税されますが、生産、流通などの各取引段階で二重三重に税がかかることのないよう、税が累積しない仕組みが採られています（図表54-1）。

図表54-1　消費税の仕組み

出所：国税庁ホームページ「消費税のしくみ」から抜粋
https://www.nta.go.jp/publication/pamph/koho/kurashi/html/01_3.htm

　この図表のとおり、消費税の計算は、売上（課税売上）消費税額から仕入（課税仕入）消費税額を差し引くことで計算されます。つまり、売り先から「預かっている」消費税から、仕入先に「借している」消費税を差し引いて、差額を国に納める形です。消費税の納税期限は、決算終了後2ヵ月以内であ

るため、前年度に売上が急増した場合は、注意が必要です。原価率50％の
ビジネスであれば、消費税の支払額は前年の売上の５％にも達するため、多
額の消費税を「一時的に」預かっていることを忘れて、決算前後にお金を使
い過ぎると、消費税の支払原資がなくなってしまいます。

■ 消費税の簡易課税制度とみなし仕入率

　小売業など仕入販売が少額多数になるものは、消費税の計算が大きな負担
になります。そのため、課税売上高が5,000万円以下であり、「簡易課税制
度選択届出書」を事前に提出しているなどの要件を満たした事業者には、「み
なし仕入率」という計算法を使い、仕入側の消費税計算を簡易化することが
認められています。

　たとえば飲食業であれば、食材などの仕入にかかる消費税を一品ずつ積算
して売上消費税から差し引くのではなく、飲食業の平均的な仕入率（売上に
対する仕入額の割合）である60％を使用して、売上高 × 10％ −（売上高 ×
60％）× 10％（下線部が仕入消費税の概算）として、消費税額を計算し納付し
ます。

　実際の仕入率が、みなし仕入率よりも低い場合は、この簡易課税を利用し
たほうが課税額は低くなり有利となります。

図表54-2　消費税の簡易課税制度の事業区分とみなし仕入率

事業区	分税	率対象事業	農業関連の留意点
第一種事業	90％	卸売業（購入商品を事業者に販売）	事業者への仕入販売
第二種事業	80％	小売業（購入商品を消費者等に販売）	消費者への仕入販売
第三種事業	70％	農林漁業、製造業ほか	副産物、加工品含む
第四種事業	60％	飲食店業、加工賃等による役務提供、固定資産の売却	農作業受託、生物売却
第五種事業	50％	不動産業、サービス業	アパート賃貸

■ 税金を払わないとどうなるか

　税金を払わないでいると、原則として、納期限を基準として 2 ヵ月間は年利 7.3%、それ以降は年利 14.6% もの「延滞税」がかかります。

　税務署からは納付期限から 50 日以内に督促状が届きます。督促状を発した日から 10 日以内に完納しないときは、税務署は、滞納者の財産を差し押さえることができます。

　納税者の事業状況や生活状況を見て「納める資力があるのに納めていない」とみなされた場合、最悪、財産が差し押さえられ、銀行との取引ができなくなり、強制徴収が行われる可能性もあり、事業継続が実質的に不可能になります。税金の支払いは先延ばしにすることで、よいことは 1 つもありませんので、必ず期限内に支払うようにしましょう。

Question 55

　お店を始めるために、店のスタッフを募集したいのですが、どのように進めるのがよいでしょうか？

Answer 55

　人材を確保するには、人を採用する採用管理と採用後の人事管理が必要となります。

　事業が順調に進むとスタッフが必要になります。また、小売業や飲食業、サービス業のように、開店当初から店舗スタッフが必要となる業種もあります。

　「人材」は、「人的資源」とも呼ばれ、スタートアップ企業にとっても最も重要な経営資源といえるかもしれません。限られた資金力や技術力で大企業とも渡り合っていかなければならないなか、「人材」はやりようによっては大企業を大きく差別化できる可能性があるからです。

　最も大事な経営資源でありながら、最も難しいのも人材です。人はその働きによって給与の２倍、３倍の生産性を発揮することもあれば、給与の半分も仕事をしないこともあります。従業員の能力をうまく引き出して自社の強みとできるかは、採用、教育、管理、育成をうまく行えるか、すべて経営者にかかっています。

　必要なスタッフを集めるためには、まずどのような形態で人を集めるのかを決め、募集方法や選考基準などの採用管理を行い、採用後は、配置、評価、教育訓練などの人事管理を適切に実施しながら、人材を維持成長させる必要があります。実際、創業者に経営の悩みをうかがうと、お金の話か人材の話が目下の悩みと答えられるケースが非常に多いです。うまくいけば経営の大きな助けになりますが、扱いが非常に難しいのも人材管理です。

　人材管理の一般的なプロセスは以下のようになります。

（1）採用前
①　人員計画　　1）人員数、2）契約形態、3）勤務形態
②　採用活動　　1）募集、2）採用・契約
（2）採用後
①　定着　　1）配置と管理、2）教育
②　評価　　1）面接、2）評価
③　育成　　1）異動、2）昇進

（1）採用前

①　人員計画

　まず人が必要な業務について、人の「量」（＝人数）×「質」（＝スキル）を整理します。この人の量×質については、こなせる仕事量や給与コストと直接的に関係しているため、当然ですが事業計画全体との整合性がとれていなければなりません。

　事業計画でビジネスモデルを検討するなかで、そのビジネスに必要となる、こなさなければならない業務（機能）量が明確になりますので、それに合わせて組織計画をつくります。組織計画では、業務内容と業務量を想定して、どのような仕事を行う人材が何人くらい必要か、どのような責任を持たせるかを決めていきます【→ 1）人員数】。具体的には「組織図」を作成してみるとよいでしょう。

　なお、スタートアップ企業では、大企業のように計画どおりの人材が採用できる可能性は低いため、よい縁があれば随時、人材確保を進めていきます。

　人を雇う方法としては、必ずしも雇用する方法だけではありません。以下に示すように、いろいろな形態がありえます【→ 2）契約形態】。むしろ、スタートアップにおいては、いろいろな方法を機動的に組み合わせるのが、よい人材を必要数確保する早道です。

図表 55-1　人材確保の方法

契約形態	内　　容	長所・短所
正社員	長期的に勤務してもらうことを想定して、労働契約を締結して従業員として採用する形態です。 会社の主力人材となって将来を担ってもらうため、単に優秀なだけではなく、理念やビジョンに同意した人を採用することが重要です。	[長所] ・（一般的に）仕事に対する意欲も高くなり、会社に対するロイヤルティも高く、容易に辞めない [短所] ・解雇が困難である
非正規社員	短期的、臨時的な人手として雇用する形態で、以下のようなものがあります。 1）パート・アルバイト（時短勤務） 2）契約社員（嘱託なども含む） 非正規社員やその内訳に、明確に法的な定義があるわけではありませんが、一般には「有期雇用である（＝雇用期間が定められている）」「何らかの時短勤務である」雇用形態を指します。 3）派遣社員	[長所] ・雇用期間が終われば解雇できる^(※) ・雇用期間が短いため、人材確保が容易である ・短時間であれば社会保険への加入義務がない [短所] ・辞めてしまう可能性があり、中核人材としての育成候補にはなりにくい（→正社員への転換を検討）
派遣社員 （労働者派遣）	労働者派遣は、派遣会社の社員を受け入れて自社の業務に携わってもらう形態で、「自社の社員にはならない」ところが特徴です。 派遣会社が派遣社員を雇用し、社会保険も提供するため、社員側としては比較的よい待遇で働くことができます。 中間搾取を禁じる労働基準法の例外的な雇用形態なため、派遣会社は、労働者派遣法（労働者派遣事業の適正な運営の確保及び派遣労働者の保護等に関する法律）による許認可制度により管理されています。	[長所] ・期待に添わない人材だったときに、変更が容易である ・雇用管理や社会保険の労務管理業務が不要である [短所] ・派遣会社に中間マージンを支払う必要がある ・非正規社員であり、中核人材にはなりえない

出向社員	出向社員には、①出向元に籍を残したままの「在籍出向」、②こちらに籍を移してもらう「転籍出向」、の2つの形態があります。②の場合は直接雇用契約を結びますので、身分としては社員と同じになります。他社に自社社員を派遣する場合と、他社の社員を受け入れる場合があります。スタートアップ企業が出向社員を受け入れたり派遣する場合は、出資元などの重要なビジネスパートナーの場合が多いでしょう。	[長所] ・提携先の優秀な社員を確保できる ・提携先との関係が強化できる ・在籍出向を受け入れる場合は、社内外注のような活用ができる [短所] ・自社への帰属意識が薄い ・（転籍出向の場合）人件費負担が発生する
業務委託 （業務委託契約）	いわゆる、ある業務を「外注」する形態であり、あくまでも社外のリソースですが、使い方によって自社の一部のように使うことができます。 ①自社の「名前」でアウトソース先として業務を担当してもらう（コールセンターなど）。 ②自社に席を置いて、作業をしてもらう（いわゆる常駐）。	[長所] ・外注であるため、労働法面からの多様な義務を負わない。作業内容や時間・場所なども双方合意のうえで自由に決められる ・雇用に関するさまざまなコストがかからない [短所] ・契約で定められた以外の仕事は頼めない。契約が終われば関係は終了である ・業務上のノウハウや秘密の流出のリスクがある

（※）最近は非正規雇用者の保護のために、各種の解雇制限がかけられるようになってきました。
詳しくは次項「ノウハウ56」で解説します。

　雇用形態の検討を合わせて、何曜日、何時から何時まで、どこで働くかなどを詰めていきます【→3）勤務形態】。その内容は、採用時には、雇用形態に合わせて「雇用契約」「派遣契約」「業務委託契約」などに明確に落とし込んでおくことが、雇用や退職、労働条件に係るトラブルを避けるポイントです。

◎業務委託契約の曖昧さと偽装派遣

　業務委託契約は、一般的には「請負契約」と「委任契約」を兼ねたものとして契約されることが多いです。請負契約では、「成果を約す」もので、委任契約では「相手に業務の実施方法を任せる」ものであり、いずれも、委託元が、委託先の外注の社員をあたかも社員のように扱い、直接業務の内容ややり方を指示することはできません。直接「指揮命令」を下したい場合は、社員または派遣社員として雇用する必要があります。

　大手企業が、下請企業や外注先の社員を、立場の強さを利用して、自社に常駐させ、雇用主としての義務を負わないまま、自社の社員や派遣社員のように指揮命令し、悪質なケースでは直接残業の指示をする（しかも残業代は、下請企業持ち）場合が、IT業界などで多発しており、「偽装派遣」「偽造請負」として社会問題になっています。

② **採用活動**

　人員計画と契約・雇用形態が決まったら、採用活動を行います。

　スタートアップ企業が人材を探す方法には、図表55-2のように、1）縁故採用、2）人材紹介会社や求人媒体の利用、3）ハローワークでの募集、4）自社による直接広告などの方法がありますので、これらの複数を組み合わせて、よい人材を探すことになります。

　なお、新卒の募集の場合、2）の求人媒体はコストも高く、また新卒ほど大企業志向が強いため、なかなかスタートアップに来てくれるよい人材を見つけることは難しいです。

　その場合は、1）縁故採用の一種として「インターン」制度を設けて、近隣の大学生や専門学校生をアルバイトとして雇って、自社のファンになってもらう方法も、長期的に若い人材を確保するのには有効です（その代わり、十分な受入態勢を用意しておく必要があります）。

　面接を得て、入社の合意ができたら、入社時期などを確約した雇用契約を

図表55-2　主な人材採用の方法

方　　法	利点・欠点
1）縁故採用 自分、社員、取引先などからの推薦・紹介を受ける。 定着した人材の紹介を受けた場合に謝金を支払う場合もあり。	［利点］ ・よい人材が確保できることが多い ［欠点］ ・時間がかかり、短期間で多人数の確保は難しい ・意に沿わない人材だった場合でも紹介者の手前、断りにくい場合もある
2）人材紹介会社・大手求人媒体の利用 求人紹介サイトや、求人雑誌などの求人媒体に、広告料を支払って掲載してもらう。	［利点］ ・短期間で多人数の確保が可能 ［欠点］ ・採用広告等のコストがかかる
3）ハローワークでの募集 ハローワークの求人募集に、掲載してもらう。	［利点］ ・無料で募集できる ［欠点］ ・利用できる職種が限定される
4）自社による直接広告 折り込みチラシやフリーペーパーなどで直接求人広告を掲載したり、自社ホームページに求人情報を掲載する。	［利点］ ・地域を絞った求人が可能で、求人誌よりはコストが安い。ホームページの場合は無料である ［欠点］ ・募集に手間がかかる

結び、必要な労働保険などの手続きを行います【→2）採用・契約】。なお、応募者がまだ在職中で入社が先になる場合は「内定書」を出すこともあります。「内定書」は法的には「解約権留保付きの雇用契約」とみなされており、やむをえない状況が発生した場合の解約権を残して、将来の一定時期に雇用することを相互に確認する、というものになります。

　なお、短期間のパートやアルバイトであっても、雇用契約や労働保険などの手続きはしっかり行っておきましょう。給与支払いのトラブルだけでなく、労働時間中の事故が発生した場合に、大きな責任を問われる可能性があります。

なお、多くの場合3ヵ月、6ヵ月などの「試用期間」を設けて、定着でき
る人材かを見極めることができます。通常、従業員の解雇では30日前の予
告義務がありますが、試用期間の開始から14日以内は、これらが不要とな
る特例が認められています。

(2) 採用後
① 定着
　採用後にまず気を配らなければならないことは、新しい人材にしっかり
「定着」してもらうことです。残念ながら、新しい人材が短期間で辞めてし
まう例は非常に多く、それまでにかけた採用と教育の時間・手間・費用が無
駄になってしまいます。

　理由は人それぞれですが、基本的には「思っていた職場・仕事と違ってい
た」ということでしょう。人手不足の折にはとにかく採用したいという気持
ちで焦ってしまい、会社を必要以上に飾って紹介してしまいがちですが、結
局すぐに辞められてしまっては意味がありません。入社前に、正直に会社の
実態を応募者に見せておきましょう。

　社員を定着させるためには、以下をしっかり行います。
1）配置と管理：適切な業務・部署に入ってもらい、そこに早くなじんでも
　らうよう配慮すること。また、妥当な目標を与えて仕事のパフォーマンス
　を確認して、よりよい仕事ができるよう助言や教育をすること。
2）教育：必要な教育をし、業務を自信を持ってこなせるようになってもら
　うこと。

　スタートアップ企業であれば、これらは経営者自らがしっかりと行わなけ
ればなりません。中間管理職がいればその管理職にしっかり人材管理を指示
します。世代の近い先輩社員などを「メンター（相談係）」として付けるこ
とも有効です。入社後しばらくは、「自分は歓迎されている、受け入れられ
ている、貢献できている」と感じるよう、きめ細い配慮を行う必要がありま

す。特に若い社員や新卒の場合は、まちがっても「放置」することは避けましょう。

◎**教育訓練の方法**

　一般的に教育訓練には、実務を通じて業務を教える「OJT（On-the-Job Training）」、研修のために特別に時間を割く「Off-JT」、自主的なトレーニングや資格取得を促す「自己啓発」の3通りの方法があります。

　スタートアップ企業では、どうしても実践的ですぐに役立つ OJT に頼りがちです。しかし、業界に通用する人材に成長してもらったり、従業員の仕事に対する意欲を引き出すには Off-JT が必須です。

---

② **評価・育成**

　入社した社員には必ず定期的に 1）面接、2）評価を行います。評価面接のようなフォーマルなものだけでなく、インフォーマルな相談の場も含めて、従業員にしっかりその仕事ぶりのよい点・改善すべき点をフィードバックしなければ、優秀な人材の定着・成長は望めません。

　人事考課には、納得性・客観性がないと人事評価に対する不満・不信感が高まり、やる気が低下し離職の原因にもなります。特に、不公平感の発生には十分に留意しましょう。具体性のある評価基準を事前に共有して、透明性の高い評価を行うようにします。

　その後は、人事考課の結果も踏まえて、1）定期的な異動、2）昇進によって、人材を長期的に育成します。

　残念ながら多くの中小企業では、社員のモチベーション管理やキャリアパスの相談は行われておらず、突然中堅社員が退社してしまう、といった問題が多く発生しています。企業が大きくなるにつれて、経営者の仕事はますます増えてくるため、現場管理の仕事は中堅社員にどんどん移譲しなければ、会社の成長はおぼつきません。人を育成することは、まさに経営者自らのためでもあります。

■ 組織づくりの原則 ─────────────────────────

　組織づくりには、いくつかの原則がありますが、スタートアップ企業でも
考慮すべきものとして、以下の原則に留意するとよいでしょう。

・三面等価の原則

　適切な業務遂行のためには、「義務」、「責任」、「権限」の3つの要素を等
しく与える必要があるという考え方で、この3つがバランスよく与えられて
いると組織がうまく回り、人のやる気が最大化されます。責任だけあって権
限がない、義務がなくて権限だけある、などの状態は、担当者のやる気を失
わせたり、組織が硬直化して仕事がうまく回らなくなるなどの弊害が発生し
ます。

・スパンオブコントロール

　1人の管理者が管理できる部下の数をいい、おおむね5〜10人といわれ
ています。たとえば、1週間に1回、1日ずつ部下と面接を行うとすると、
部下の数は5人が限界です。それ以上の頻度では、経営者は他の仕事の時間
がとれなくなりますし、それ以下では現場の仕事への指示や問題対応が遅く
なります。スタートアップでは、それ以上に人数が増えてきたら、中間管理
職を置くとよいでしょう。

ノウハウ 56　人を雇うときに知っておくべきこと

Question 56

人を雇うときに、気をつけるべきことは何でしょうか？

Answer 56

人を雇う場合には、多様な労働法規があり、それに従ったルールづくりが必要です。また、一定の従業員には、社会保険に加入させなければなりません。また、雇用保険の加入社を中心として、人材の採用や育成のための各種支援措置がありますので、うまく活用するとよいでしょう。

　日本では、戦前の劣悪な労働環境の反省から、一般的に立場が弱い労働者である従業員の権利を守る多様な労働関係法があります。これらの多くは強制力があり、違反の罰則もあるため、経営者も知っておかなければなりません。その一方で、国は社会の変化に対応するために多様な働き方を促進する企業に対して、助成金をはじめとした各種の支援制度を設けていますので活用しましょう。

　以下に、経営者が知っておくべきルールについて記述します。（これらには例外規定が数多くあるため、ここでは原則ルールについて記述します。例外も含めた細かいルールについては、法改正も頻繁にあるため、最新のルールを公的機関や社会保険労務士などの専門家に確認・相談しましょう。）

(1) 労働基準法

　雇用者と労働者が守らなければならない最も基本的なルールが定められています。創業者が特に注意する点は以下の条項となります。

　① 解雇予告

　解雇の少なくとも 30 日前にその予告をしなければならない。または、30 日分以上の平均賃金（解雇予告手当）を支払わなければならない。

② 賃金支払い

賃金は、通貨で、直接労働者に、毎月 1 回以上、一定の期日を定めて全額を支払わなければならない。

③ 労働時間の原則

休憩時間を除き 1 週間について 40 時間を超えて、1 日について 8 時間を超えて労働させてはならない。

※業種による例外があります。また、例外的な制度として、変形労働時間制、
　フレックスタイム制、裁量労働制等があります。

④ 休日、休暇

毎週少なくとも 1 回の休日を与えなければならない。また 6 ヵ月以上勤務期間がある従業員には、10 日以上の有給休暇を与えなければならない。パートなどの短時間労働者にも、労働時間に応じた有給休暇を与える必要がある。

⑤ 時間外および休日の労働

労働時間の上限は③のとおりだが、労使協定※（いわゆる 36 協定）を締結し、労働基準監督署に届け出た場合には、労働時間の延長・休日労働が許可される。その場合でも、時間外労働は月 45 時間・年 360 時間が上限である（例外あり）。また。時間外、休日および深夜労働に、割増賃金を支払わなければならない（時間外労働：最低 25％増し、休日労働：最低 35％増し、深夜労働：最低 25％増し）。

※労使協定とは、労働者の過半数代表者と経営者が結ぶ、労働条件についての
　個別協定です。

⑥ 就業規則の作成義務

常時 10 人以上の労働者を使用する使用者は、労働時間・休憩、賃金、退職・解雇について記述した就業規則を必ず作成し、労働基準監督署に届け出なければならない。

※就業規則とは、従業員に共通で適用される労働条件を定めた規則です。労働
　基準法にのっとり作成します。

(2) 労働契約法

①　労働契約の位置づけと就業規則

労働契約（雇用契約）は使用者と労働者が自由に結ぶことができる。就業規則があり、個別の雇用契約の内容に就業規則よりも不利な条件がある場合は、基本的には就業規則の条件が優先する。

②　解雇

解雇は、客観的に合理的な理由を欠き、社会通念上、相当であると認められない場合は、無効である。

③　有期雇用（期間の定めのある労働契約）

有期雇用では、基本的にその契約期間の間は労働者を解雇することができない。有期雇用契約が1回以上更新されて5年を超えた場合は、労働者が無期雇用への転換を申し込んだ場合は使用者は承諾しなければならない（拒否できない）。

※いわゆる、繰り返し契約更新されて、実質的に無期雇用となっている有期雇用者の「雇止め」の濫用を防ぐための規定です。

(3) 最低賃金法

各都道府県ごとに、労働者に支払うべき時給が定められています。最高が1,013円（東京都、2019年10月現在）、最低が790円です。毎年見直されていますが、近年の生産性向上の施策を反映し、上昇率が高まっています。試用期間中や実習生、身体障がい者、65歳以上の人などは、例外が認められています。

◎従業員の強制解雇の難しさ

労働基準法では、解雇の手続と解雇予告について30日前の予告または解雇予告手当の支払いを定めておりますが、これは解雇をする際の手続を定めたにすぎませんので、この手続に従い解雇予告をしても、客観的に合理的な理由を欠く解雇は、有効と認められません。

客観的合理的かどうかは、一般的には以下のように判断されています。

・重大な違反行為を行った場合（懲戒解雇、諭旨解雇）。

・能力不足や勤務態度の場合（普通解雇）は、教育の提供、配置転換、懲戒、減給などの態度を改める機会があったにもかかわらず改善がなかった。

・会社の倒産危機等、解雇が不可避である場合（整理解雇）は、役員報酬削減、新規採用の取りやめなどの取組みがされているか、解雇対象者の選定が公平で合理的か、社員が納得するまでの説明や話し合いがされているか、などの条件が要求されています。

・さらに、上記のような条件が、就業規則や雇用契約で規定・合意されていること。

スタートアップ企業や中小企業で従業員の解雇トラブルが発生すると、会社の業務に大きな支障が出ますので、就業規則や雇用契約書は、専門家の助言をもらいしっかり作っておくことをお勧めします。

同様に、就業規則で定められた労働条件の不利益変更（労働条件を従業員にとって悪い方向に変更すること）も、変更の合理的な必然性と、十分な従業員への説明と合意プロセスを踏むことが必要とされています。

(4) 労働保険・社会保険

企業（法人または個人事業主）が、その雇用する従業員に加入させなければならない法的保険には4種類あります。労災保険はすべて使用者負担、それ以外の保険費用は、おおむね使用者と労働者の折半で対応することになり、一般的には、これら労働保険・社会保険の事業者の負担費用は、支払う給与の15%程度の額になります。

① 労災保険（労働者災害補償保険法、書類の提出先：労働基準監督署）

勤務時間中の災害（労働災害）および通勤中の災害に遭った従業員の治療・障害・死亡に対して保険料が支払われるもの。雇用者には、労働中の災害に対する従業員への補償義務があり、労災保険に入っていないと、雇用者

が全額補償しなければならなくなる。したがって、労働保険の対象外の雇用者（研修生や実習生など）には、万一のために民間保険をかけておいたほうがよい。

② 雇用保険（雇用保険法、書類の提出先はハローワーク）

いわゆる失業保険。加入期間と退職事由によって3〜12ヵ月分の失業保険が給付される。また、雇用を促進したり、労働者の教育訓練、キャリアップに係る多様な助成金・支援制度がある。

③ 健康保険（健康保険法、書類の提出先：年金事務所）

従業員の病気・ケガ・死亡や妊娠出産に対して、各種保険金が支払われる。

通常3割自己負担であり、残り7割が保険金で支払われる。業種別などの健康保険組合か、協会けんぽ（全国健康保険協会）に加入する。

④ 厚生年金（厚生年金法、書類の提出先：年金事務所）

引退後（老齢年金）や障害で働けなくなった場合（障害年金）、従業員死亡時の遺族に（遺族年金）、生活費として年金が支払われる（偶数月に年6回）。

図表56-1　労働保険・社会保険の加入ルール（原則）

	加入義務にある事業者	対象従業員	費用負担（給与に対する割合）
労災保険	・法人（強制加入） ・個人事業者（原則強制加入、例外あり）	・従業員（すべて） ・中小企業（法人、個人事業主）の代表者は、任意で特別加入可	2.5〜88/1000 （業種により変わる） 全額企業負担
雇用保険	・法人（強制加入） ・個人事業者（原則強制加入、例外あり）	・従業員（短時間社員の場合、週の労働時間が20時間以上の場合） ・代表者・役員（法人のみ）	9〜12/1000 （業種により変わる） 会社は6〜8、従業員は3〜4
健康保険	・法人（強制加入） ・個人事業者（従業員5人以上は強制、農林水産業・飲食業・旅館業・理美容業等、および5人未満は任意加入）	・従業員（短時間社員の場合、週の労働時間及び労働日数が正社員の4分の3以上ある従業員） ・代表者・役員（法人のみ）	30〜130/1000 （給与額により変わる） 会社と従業員で折半して負担

厚生年金	・法人（強制加入） ・個人事業者（従業員5人以上は強制、農林水産業・飲食業・旅館業・理美容業等、および5人未満は任意加入）	・従業員（短時間社員の場合、週の労働時間および労働日数が正社員の3/4以上ある従業員） ・代表者・役員（法人のみ）	183/1000 （給与額により変わる） 会社と従業員で折半して負担

(5) 優遇税制や助成金

国では、従業員の雇用を促進・安定されるための各種の施策を提供しています。細かな適用条件などがありますので、専門家や行政窓口に相談しながら、従業員の待遇改善に有効活用するとよいでしょう。

① 税制による優遇制度

適用年度中に雇用者数を5人以上かつ10%以上増加させるなど、一定の要件を満たした場合に税額控除が受けられる雇用促進税制など、人を雇用した際に優遇制度が受けられる場合があります。詳細は専門家に相談することをお勧めします。

② 雇用保険二事業に雇用安定事業

事業活動の縮小を余儀なくされた事業者に交付される雇用調整助成金など、雇用の安定のために給付される助成金があります（雇用保険適用事業所の事業主が対象です）。中途採用、従業員の能力開発、非正規雇用者のキャリアアップ、仕事と家庭の両立の推進などの取組みに対して助成されます。こちらも、詳細は専門家に相談することをお勧めします。

第 **6** 章

事業計画書をつくってみよう！

事業計画書の事例

　最後に、第6章ではここまで学んできたノウハウを生かして、事業計画書（ビジネスプラン）をつくってみましょう。

　実際の創業事例をアレンジした「Aさんの創業ストーリー」をテーマに、事業計画書のひな型（読者特典でフォーマットを提供）に従って、事業計画を作成しましょう。

「Aさんの創業ストーリー」

■ Aさんのプロフィール

　Aさんは1985年生まれ。東京都の東部、隅田川と荒川に挟まれた位置にある江東区の生まれで、今でも下町の雰囲気を持つ砂町銀座で育ちました。家族は4つ年上の夫と、幼稚園年長の息子の3人家族です。実家が砂町銀座で酒屋を営んでおり、子供のことから町内会のおじさんやおばさんにかわいがられていたこともあり、目上の人との付き合い方は、子供のころから自然に身についていました。今でも老若男女を問わず、その状況に応じた会話ができることが、自分の特技の1つと考えています。

　食物栄養関係の学校を卒業後、食品・加工会社に就職し、今の夫と社内結婚しました。食品・加工会社では、栄養士の資格を取得し、主に野菜の栄養分析や残留農薬検査、メニュー提案などの業務を担当していました。

　出産を機に会社を退職しましたが、会社での仕事が高く評価され、子育てに支障がない程度で、週3回在宅ワークの形で、包装、配送の方法やメニューの提案などの業務のアルバイトとして働いています。

　実家では両親が、子供の頃から変わらない酒屋を経営していますが、父親の高齢化で今後酒屋をどう切り盛りしていくか、母親ともあれこれ話をしているところです。

　酒屋の場合、コンビニエンスストアに業態転換することが多いものの、父

親が地元の人との付き合いを壊したくないとの考えから、業態転換せず酒屋を続けてきました。今となってはコンビニエンスストアに変えることは難しくなっています。

　子育てで忙しいとはいえ、在宅ワークで外出する機会がほとんどなく、また、両親の近くに住んでいることから比較的時間も確保でき、酒屋の店番を手伝うこともあります。お客様は、高齢者が多く、子供の頃と比較してもその割合は増えてきていると実感しています。買物など重い荷物を持って商店街を歩いている姿を見ると、何か手助けできるいい方法はないかと考えるようになり、創業セミナーなどに参加しながらいろいろ思いをめぐらせていました。

　最近では、実家の酒屋をうまく活用し、自分の経験を生かした食材宅配サービスができないかと考えるようになり、具体的な計画を検討する段階まで進んでいます。

■ 食材宅配サービスの市場について

　Ａさんは、まず食材宅配サービスの市場動向について、インターネットや図書館の資料で調べました。そこでわかったことは次のような内容でした。

・食材宅配サービスは、高齢や健康状態などの理由で、思うように買物ができない人に食材を配送するサービスで、現在サービスを行っている会社も多数存在する。

・少子高齢化、女性の社会進出など社会の変化で市場は拡大傾向にある。

・単に食材を宅配するだけでなく、皮むきなど下ごしらえをしたり、レシピなども同時に提供するなど、食材宅配には単なる食材の配送に限らないタイプが多数存在する。

・配送する頻度は定期的な配送だけでなく、旬の食材を旬な時期に配送するなど工夫がある。

・食材宅配サービスは、どうしても市販品と比べ割高になるため、各食材宅配業者は、既存顧客の定着化に苦心している。

・利用者の年代・性別に見ると、30代の子育てしながら働く女性の利用が一番多い。
・1回の利用金額は、多額な人と低額の人と極端な面もあるが、平均2,000円程度である。
・潜在需要は、食材宅配サービスの利用をためらう若い世代と高齢者だと想定される。

■ 地元市場について

　Aさんは、食材宅配サービスについてある程度は把握できたものの、事業を地域密着で展開した場合の状況を把握したく、江東区の人口動態を調査することにしました。
・江東区の人口は、2016年に50万人を超え、2019年5月時点で52万人にまで増加している。埋め立てられた臨海部で大規模な開発が進められ、デベロッパーによって高層マンションの建設が相次いだことが、人口急増の要因とされる。
・豊洲エリアは、商業施設が集積し、ニューファミリー層が次々と転入する人気のエリアである。
・人口増加は豊洲だけでなく、工場跡地などが再開発され、高層マンションが建設されている亀戸や有明、南砂といったエリアでも目立つ。
・人口比率で見ると、65歳以上の高齢者が人口全体の11.3％に達するという推計もある。
　Aさんは、これらの情報から、食材宅配サービスの需要は確実にあると自信を深めました。

■ 競合会社

　自信を深めたAさんでしたが、創業セミナーの事業計画の講習で、どのような競合が存在するか、売上を阻害する競合会社について把握することが重要だと習ったことを思い出しました。そこで、相手を知らずに戦うのはさ

すがに無謀だと思い、競合について調べることにしました。

・多くの農家と契約し、有機野菜など食材を新鮮な状態で届けることに特化
　した会社
・新鮮な主菜・副菜を加工した状態で、共働きの子供を持つ女性に提供する
　会社
・さまざまな食材をカタログから選択することができ、重いものでも玄関ま
　で宅配してくれる会社

　目立つのは、大手の会社が全国の農家と直接契約を締結し、新鮮な食材を
提供したり、調理時間を短くしたりするなど、規模を生かした事業展開を推
し進めていることです。
　Ａさんは、これら大手企業のような大きな投資ができないため、差別化
する何かをサービスとして組み入れないと、存続できないと考え始めるよう
になりました。

■ 起業・独立の計画

　食材宅配サービスの需要はあり、今後市場は成長していくと推定されま
す。しかし、サービスの知名度や規模、そして資金調達は、どうみても大手
企業にかないません。そこでＡさんは、事業をはじめから大きく考えるの
ではなく、できる範囲から始め、計画的に拡張していこうと考えました。
　まず、Ａさんが居住する砂町銀座を中心に、実家の酒屋が持つ配達先へ、
日々の食事の食材（半調理品）を配達する方法で、サービスを開始する計画
です。食材は砂町銀座にある各店舗から調達することや、実家の一部を食材
の加工場所として改造することで、対応できると考えています。
　食材宅配サービスを始めるには、「食品衛生法」に基づく営業許可を取る
必要や、自治体の条例等の規制があります。これらは、食品・加工会社での
経験と、現役の夫に助けてもらうことで、対応は可能だと考えています。
　一番大切なのは、食材は配送中に品質が変わることもあるため、配送車両

の設備（冷凍、冷蔵）には充分留意する必要があることや、食あたり・食中毒などのトラブルや家畜の伝染病などによる影響も考えられるため、食材の仕入・衛生管理にも充分気をつける必要がある点です。これらについては、食品・加工会社での経験と人脈で対応でき、逆に経験が生かせる領域のため自信があり、強みでもあります。

　さらに、状況に応じた会話ができる強みを活用し、高齢者の心配事や悩みなどの相談に応じるサービスを展開することで、顧客の定着と大手との差別化を図りたいと考えています。この点は従来から、配送を担当する従業員も心掛けてきたところであり、二人で十分対応できると考えています。

　検討を進めながら夢は膨らみ、将来的には、豊洲地区のニューファミリー層へ事業を拡大できれば、食品・加工会社を活用した事業へと発展でき、地元に密着した事業としてやっていけるのではないかと考えています。

■ 売上利益計画・収支計画・資金計画

　開業時にかかる費用を極力抑えるため、食品加工の場所は実家の酒屋の一部を改装し、配送は酒屋の配送を長年担当している、従業員にお願いするなど、工夫をする予定です。

　それでも、食品加工のため、厨房設備機器や衛生面での設備で200万円程度、工事費用等で100万円程度はかかる予定です（補足：簡易的に定額法5年償却）。Aさんは、退職時の退職金や貯蓄から、100万円程度は資金として出資できると考えています。

　客単価は2,000円程度で1日30人の需要を考えています。営業日数は酒屋と同じ300日程度（月25日）を考えています。1日30人は、配送担当者の1日で回れる実績から想定しています。

　変動的な費用として、地元砂町銀座の各店舗からの仕入は売上の40％に抑えるつもりです。

　固定的な経費は、チラシ代など広告宣伝費として月3万円、水道光熱費として月7万5,000円、食品加工は当初母親に手伝ってもらうものの、配送担

当者の業務負荷が増えるため、人件費として月10万円程度追加、Aさんの役員報酬を月20万円、社会保障関連費用としては、人件費と役員報酬の総額の15％を想定しています。また、実家に支払う店舗の家賃として月5万円、そのほか配送代等営業関連経費が月3万4,000円かかると見込んでいます。

　なお、はじめは高齢者が対象なので、ホームページの立上げやショップカードなどへの投資は考えていません。

　売上を軌道に乗せるための初期運転資金として、3ヵ月分程度を準備する必要があると考えています。自己資金で足りない設備投資や工事費用、当初運転資金については、公的創業支援融資があると聞き、無理のない範囲内で借入をすることも検討しています。

　事業計画書の作成や補助金申請などについては、「こうとう創業支援セミナー」に参加して、そこで知り合った中小企業診断士の人たちに相談しながら進めようと考えています。

―――――・―――――・―――――・―――――・―――――・―――――

　さて、Aさんは、金融機関に厨房機器の導入や、酒屋の一部を加工場として改装する費用について金融機関から融資を受けたいと考えました。また、知り合いの中小企業診断士から、創業時に有効活用できる補助金・助成金もあるので、事業計画を作成するとよい、というアドバイスをもらいました。

　あなたなら、Aさんの起業プランを、どのように事業計画書としてまとめるでしょうか？

　次ページ以降に、そのまとめ方の一例を紹介します。本書で解説した内容を思い出しながら、確認してみてください。

Ａさんの事業計画書 （ビジネスプラン）

1. 【ビジネスプラン名称】 事業の内容を簡潔に説明

高齢者およびワーキングマザー向け半調理食品の宅配サービスの展開

2. 【事業目的】 事業立上げの経緯、創業の動機、創業ビジョン

・*経営理念*や*ミッション*、*ビジョン*など、*創業目的*につながるものです。

　実家が江東区砂町銀座で長年、酒屋を営んできましたが、両親も高齢になり、今後店をどうしていくかの相談に乗っているなかで、地元の皆さんに愛されてきた実家の事業を、何とか継承・発展させたいと考えました。

　食品・加工会社で衛生管理やメニュー提案を行っていた、自らの経験を生かせば、長くお世話になってきた近隣商店の皆さんや、高齢化して買物に苦労されているお客様の力になれるのではないかと思い、半調理品の宅配サービスに着目して、事業を立ち上げることにしました。

3. 【創業者略歴】 本事業関連の業務経験・主な職歴

・*この事業を営むための資質やネットワークをアピールします。業務経験や役立つ人脈*などを、*職歴に交えて説明します。*

　食物栄養関係の学校を卒業後、食品・加工会社に就職し、主に野菜の栄養分析や残留農薬検査、メニュー提案などの業務を担当。10年の勤務経験あり。出産を機に退職したが、その後、週3回在宅ワークの形で、包装、配送の方法やメニューの提案などの業務のアルバイトとして再度勤務。創業にあたっては、その知識や技術・経験や人脈を生かせると考えています。

　地元商店街で商売を行う両親の店の手伝いを子供のころからしており、地元のお客さんや商店主とのネットワークがあり、顧客の開拓や仕入先の確保に活用できます。

4. 【法律・許認可等】　本事業に必要な資格や許認可

・事業内容によって資格や許認可が必要になる場合は、その資格や許認可について記載します。

・「食品衛生法」に基づく営業許可

　食あたり・食中毒などのトラブルや家畜の伝染病などによる影響も考えられるため、食材の仕入・衛生管理にも充分気をつける必要があります。

5. 【商品】　提供したい、商品・サービスの内容・機能

・販売する商品、提供するサービスを具体的に記載します。

　家庭向けの食材の宅配サービスビジネスを開業

【取扱商品】

・食品（半調理品）：カット野菜、下味・下茹でした食材類、等

・メニュー：定番（高齢者向けの和食中心、健康に配慮、質重視）＋砂町銀座各店おすすめ品

【付随サービス内容】

・御用聞き（細かい要望への対応、高齢者見守り、簡単な家事代行）

　※原則配達時に会話。不在時は、電話等でフォロー

　上記食材を、自家用車で配達し、食材代金と配達代金をいただく。注文は電話・FAX・ネットで受ける。

6. 【顧客】ターゲット顧客と顧客ニーズ

・ターゲットが個人の場合は職業、年齢、性別、居住地、年収、家族構成、趣味等、ターゲットが企業の場合は業種、規模、地域等に触れながら説明します。

【ターゲット①】　江東区砂町銀座付近の高齢者をメインターゲットとする。

・酒屋の顧客（固定客）をベースに、近隣の高齢者をターゲットとする。

・配達が容易、Aさんのコミュニケーションスキルが生かせる、などの

メリットがある。

・高齢化に伴い、近隣でもこの層の人口が増加

【ターゲット②】江東区の高層マンション住民中心

・ニューファミリー層（共働き）、ワーキングママ層

・配送効率に難点があり、生協などと競合しやすい。

・中長期的に、ターゲット①が減少した後に、メインターゲットになりえる。（20 年後にマンション住民も高齢化）

7. 【市場動向】その事業に関する市場動向（外部環境）

・政治的・経済的・社会的・技術的動向などの追い風（事業機会）や、市場規模、市場動向について記述します。

■**食材宅配サービスの市場について**（全国的・一般的な傾向）

・顧客ニーズとサービス内容：多忙、高齢や健康状態などの理由で、思うように買物ができない人に食材を配送。プラスアルファのサービスとして、皮むきなど下ごしらえをしたり、レシピなども同時に提供するなど、多様なタイプがある。配送する頻度は定期的な配送だけでなく、旬の食材を旬な時期に配送するなど工夫がある。

・顧客層：30 代の子育てをしながら働く女性の利用が一番多い。1 回の利用金額は、多額な人と低額の人と極端な面もあるが、2,000 円程度が相場である。

・競合：現在サービスを行っている会社も多数存在する。食材宅配サービスは、どうしても市販品と比べ割高になるため、各食材宅配業者は、既存顧客の定着化に腐心している。

・将来性：少子高齢化、女性の社会進出などの変化で市場は拡大傾向にある。食材宅配サービスの利用をためらう若い世代と高齢者の利用を伸ばす余地がある。

■**地元市場について**

・江東区の人口は、2016 年に 50 万人を超え、2019 年 5 月時点で 52 万人

にまで増加している。埋め立てられた臨海部で大規模な開発が進められ、高層マンションの建設が相次いだことが、人口急増の要因とされる。

・特に、豊洲エリアは、商業施設が集積し、ニューファミリー層が次々と転入する人気のエリアである。その他、工場跡地などが再開発され、高層マンションが建設されている亀戸や有明、南砂といったエリアでも人口が増加している。

・人口比率で見ると、75歳以上の高齢者が人口全体の11.8％に達するという推計もある。

→これらの情報から、食材宅配サービスの需要は確実にあると見込まれる。

8.【競合】　自社と似た商品や代替になる商品

・*競合となる商品やサービスと、自社の優位性を記述します。*

■競合相手

1．独自の仕入ルートや販売網を持つ食品宅配の大手企業（生協など）。さまざまな食材をカタログから選択することができ、重いものでも玄関まで宅配してくれる。

2．ネットスーパー

3．新鮮な主菜・副菜を加工した状態で、メニューと合わせて、共働きの子供を持つ女性に提供する専門企業（食材キット配送）

4．多くの農家と契約し、有機野菜など食材を新鮮な状態で届けることに特化した会社（お取り寄せ）

その他、コンビニエンスストア、宅急便業者などの新規参入が考えられる。

■競合と比較したときの自社のセールスポイント

・地元商店街と連携した、御用聞き、相談役のサービスが展開できる。

・コミュニケーション能力を生かし、高齢者の心配事や悩みなどの相談に応じるサービスを展開することで、顧客の定着と大手との差別化を図る。

・大手企業は小回りの利くサービス、地域密着のサービスが難しい。

9. 【ビジネスモデル】その商品の提供の仕方と自社が収益を得る仕組み

・商品の提供の流れやお金の流れを記述します。自社の強みもアピールします。

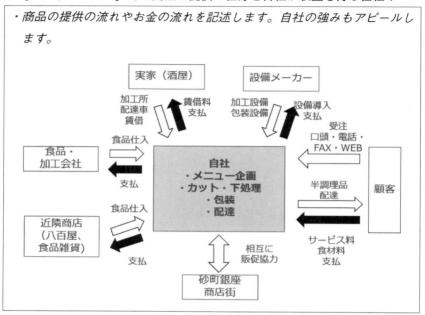

10. 【価格】販売価格と価格設定の根拠

・価格について、その設定の根拠もあわせて説明します。

　他社競合価格を意識して、素材費＋配送費で価格設定。ただし、高品質の素材は、戦略的価格設定にし、プレミアム価格で高めに設定。

・オプションの「御用聞き」サービスは、コストプラス設定にし、高めに設定。

　トータルで、競合他社の 1.2 倍程度になるようにする。

※さらに、サービスのよさを体験してもらうため、御用聞きサービスは初回のみ無料。

11.【流通および販売方法】　流通方法、販売方法、販売協力者（代理店等）、販促方法

・どのように**商品を届ける**か、どのように**顧客を開拓する**か、どのように**代金を回収する**か、どのように**販促を行う**かがポイントとなります。

■販売チャネル

・サービス品質を確保するために、中間業者を通さない直接販売のみ（注文は電話、ネット中心）

・配送力を考え地元（江東区および近隣区）に顧客を限定。

・配送（自家配送）を兼ねた営業（御用聞き）

・食材は配送中の品質保持のため、配送車両の設備（冷凍、冷蔵）を準備

■販売・販促

・チラシ（折り込み、ポスティング）→　高齢者向け

・Web（スマホ、PC）→　ニューファミリー層向け

・江東区のCATV（パブリシティ）→地域限定

・商店街店舗からの紹介

12.【仕入・調達・生産】（原材料や販売する商品の）仕入・調達・外注先や製品の生産計画

■仕入・調達・外注先

・商店街のお店（生鮮品）

・農家や農産物生産者（生鮮品）

・食材卸

・食品メーカー・加工会社

■生産計画（必要な設備についても記述）

・現在の設備

　実家の酒屋から借りた作業場、共用させてもらう車

・今後の設備投資計画

　作業場の内装工事

厨房機器（鍋、ボイラー、冷蔵庫、カッターなど）

包装機器、運搬用の什器など

パソコン（受発注処理ほか）

13.【売上計画】 売上の計画とその根拠

		第1期 2020年12月期		第2期 2021年12月期		第3期 2022年12月期	
		月平均	年間	月平均	年間	月平均	年間
入会金	販売数または顧客数（人）❶	10	120	10	120	30	360
	製品単価または客単価（円）⑦		2		2		2
売上 小計❹＝❶×⑦		20	240	20	240	60	20
定期購入	販売数または顧客数（人）❷	42	506	77	918	159	1,903
	製品単価または客単価（円）④		20		20		15
売上 小計❺＝❷×④		1,043	12,522	1,730	20,764	2,828	33,946
売上 合計⑩＝❹＋❺		1,063	12,762	1,750	21,004	2,888	34,666

・入会金：新規顧客の入会金（初回1回のみ） 2,000円/1人
・定期購入：食品定期購入費（月額平均）
　　　　　1回 2,000円×月10日＝20,000円/1人（1〜2年目）
　　　　　1回 1,500円×月10日＝15,000円/1人（3年目〜）
・顧客数 新規入会者は、月10名（1〜2年目）、月30名（3年目〜）
　　　　顧客の増加数および客単価は、3年目に豊洲進出後に変わる。

14.【利益計画】　1〜3年の原価・経費計画と利益計画

（単位：千円）

		第1期 2020年12月期		第2期 2021年12月期		第3期 2022年12月期	
		月平均	年間	月平均	年間	月平均	年間
売上高⑩		1,063	12,762	1,750	21,004	2,888	34,666
売上原価⑭		417	5,008	692	8,305	1,131	13,578
売上総利益⑮		646	7,753	1,058	12,698	1,757	21,087
販売費・一般管理費	給与⑯	88	1,056	176	2,112	318	3,816
	役員報酬⑱	200	2,400	200	2,400	200	2,400
	旅費交通費⑳	20	240	20	240	20	240
	広告宣伝費㉑	30	360	34	415	56	678
	荷造運賃㉒	53	638	87	1,050	144	1,733
	賃借料㉓	50	600	50	600	50	600
	水道光熱費㉔	53	638	87	1,050	144	1,733
	通信費㉕	10	120	10	120	10	120
	雑費㉗	34	408	34	408	34	408
	租税公課㉘	5	70	5	70	5	70
	減価償却費㉙	37	450	37	450	37	450
	経費合計㉞	581	6,980	742	8,915	1,020	12,249
営業利益㉟		64	773	315	3,782	736	8,838
支払利息㊱		5	64	4	59	4	54
経常利益㊵		59	708	310	3,723	732	8,784

15. 【資金調達】開業時の資金計画表

（単位：千円）

	必要な資金			調達計画	
	項　目	金　額		項　目	金　額
資金需要	（設備投資） ・厨房設備 ・内装工事等	 2,000 1,000	資金調達	（自己資金）	1,000
				（借入金）	3,000
	（運転資金） 3ヵ月分 ・仕入／外注費 ・人件費 ・賃借料 ・その他営業経費	 1,252 264 150 334		（出資、その他）	1,000
計		5,000	計		5,000

※左側の合計と右側の合計が同額になるように計画する。

16. 【資金計画】　月別の資金繰り表（p.272）を作成、資金計画を記述

17. 【具体的実施計画】　やるべきこととその順番・スケジュール

・いつ、だれが何を行うかを明確にしながら記載します。

1年目：

・銀行からの融資取り付け（代表者→金融機関）

・加工場の内装工事（代表者→工事会社）

・保健所の認可（代表者→保健所）

・開業（代表者→司法書士）

・仕入先の確保、契約（代表者が調整）

・販促　チラシ配布、オリコミ配布（代表者→業者）

・開店　入会キャンペーンの実施（代表者が企画）

・HP制作（ネットで受注用）（代表者→業者）

2年目：

・調理担当のパート採用（1名）（代表者→知人、紹介会社）
3年目：新興マンション街進出
・ワーキングマザー向け　新パッケージ制作　（代表者が企画）
・販促キャンペーンの実施（代表者が企画）
・セールスドライバーおよび調理担当のパート・アルバイトの採用（計3
　名）（代表者）

【解説】事業計画作成のポイント

　以下に、Aさんの事業計画書の事例に沿って、計画書作成のポイントを解説していきます。

1. 【ビジネスプラン名称】

　読み手の目にまず最初に飛び込んでくる部分です。業種業態や事業内容を具体的に説明しつつ、アピール力のあるキーワードを入れましょう。「誰に」「何を」「どのように」の形式で説明するのもよいでしょう。

　ここでは、「高齢者およびワーキングマザー向け半調理食品の宅配サービスの展開」としました。

2. 【事業目的】

　読み手が見極めようとするのが、創業者の「創業への想いの強さ」です。今後直面する多様な困難にも打ち勝つ本気度があるかを、読みとろうとします。そのため、なぜ創業に至ったのか、その背景や、経緯、きっかけについて納得性のある説明をするとともに、今回の創業テーマにかける想いを述べましょう。「ノウハウ9」で解説した「やりたいこと」にあたります。ここでは、「経験を生かしたい」「実家の商売を終わらせたくない」「生まれ育っ

た商店街とそのお客さんに恩返しがしたい」といったことを述べています。

3.【創業者略歴】

　創業テーマに見合った能力があるのかも、読み手の大きな関心ポイントです。「ノウハウ9」で解説した「できること」にあたる、経験・知識・技術・スキル・資格といった直接的な能力だけでなく、顧客や取引先となりえる人脈や、経営資源となるような資産（土地・建物・設備など）があることも強調します。

　ここでは、「食品・加工会社での経験・人脈」があり、「今でも元勤務先から頼りにされている」ことをアピールしています。

4.【法律・許認可等】

　開業にあたって許認可や資格等が必要なケースがあり、その準備ができていることを説明します。必須の資格でなくても、その創業テーマで有利に働くものがあれば記載しましょう。

　ここでは、「食品衛生法」に基づく、保健所の許可が必要ですが、すでに準備を進めており問題がないことを説明しています。

5.【商品・サービス】

　結局のところ「何をお客さんに売って収益を得るのか」を説明するのがこの項です。事業性や将来性の評価に直結する部分であり、「これならばお客さんが対価を払って購入してくれるよね」という納得感のある説明が必要です。競合他社を差別化できそうな独自性や強みを感じさせながらも、奇抜すぎず着実性も感じさせる内容であることが理想的です。

　ここでは、「食材の宅配販売」という定番ビジネスであることを説明しながら、「半調理品」や「御用聞きサービス」といった自らの強みを生かした独自性があることもアピールしています。

6.【想定顧客】

　ターゲットとなる顧客層がどんな人々（あるいは企業）なのかを具体的に記述しますが、その理由が明確になっていなければなりません。つまり、その顧客層には自社の商品・サービスに「強い顧客ニーズ」がある、言い換えると、「強い買う理由」があるため「お金を払って買ってくれる」ということを説明します。

　もう1つ、重要なこととして、「その顧客層が十分な人数（社数）存在する」という点です。

　よく「うちの商品は子供から大人、お年寄りまで使ってもらえる」というように、誰でも買ってくれるという表現をしているケースを見ますが、このような書き方はNGです。ターゲット顧客が絞れないということは、顧客ニーズを理解していないととられてマイナスの評価となります。

　ここでは、ターゲット層が「地元の商店街の高齢者」と「高層マンションに住むワーキングママ」の2つとしています。「高齢者」だけでは事業が先細りしてしまうため、第2ステップとして将来有望な顧客層もターゲットとしていることをアピールしています。

7.【市場動向】

　自分の事業が将来性・発展性があり「儲かりそうだ」という根拠をアピールします。また、自分が対象業界に対して知識を有していることをアピールする意味もあります。ここでは、「江東区の市場規模が増加している」こと、特にターゲット層である「高齢者」や「ワーキングママ」の増加がみられることを中心に説明しています。

　ここは、客観的な情報を集めて説明することが必要です。「ノウハウ39」で解説したような方法で情報を集めます。また、自らが直接集めたデータ（想定顧客層へのヒアリングやアンケートの結果など）を示して市場ニーズが十分にあることを説明するとよいでしょう。

　ここで示した市場規模に関するデータ（ターゲット市場の顧客数や会社数

など）が、「ノウハウ44」で述べたように、売上計画の計算根拠として使われます。

8. 【競合】

　Aさんは、新しいタイプの食材宅配事業を地域を絞って実施する計画であり、直接的な競合はありませんが、食材宅配業界としてみると大手企業を含めて数多くの競合があります。それらの中で代表的なものを選び、自社との比較をまとめています。

9. 【ビジネスモデル】

　「ノウハウ31〜37」で解説したように、自社のビジネスモデルを簡潔かつ具体的に説明します。

　ここでは、「モノや仕事の流れ」と「お金の流れ」を矢印で示したチャートでビジネスモデルの全体像を解説しています。また、今回の事業計画の強みである、「実家の酒屋の活用」「元勤務先の協力」「商店街との連携」など、ビジネスパートナーの存在も同時にアピールしています。

10. 【価格】

　「ノウハウ40」で解説したように、「マーケティングの4P」の1つである価格（Price）戦略について、価格設定をその設定根拠とともに記載します。

　通常の事業では複数の商品・サービスがありますので、主要な商品について、それぞれの価格（価格表）を示します。設定する価格は、「最低限の利益が確保できる」価格を下限として、「ターゲット顧客が支払うことができる」価格を上限とする範囲の中で、妥当な価格帯で設定されていなければなりません。異なる価格帯のものを販売することで（品揃え）、幅広い顧客ニーズに対応できます。ここで示した価格設定情報が、後の「ノウハウ44〜45」の項の売上計画の計算根拠として使われます。

　ここでは、「顔の見える」濃い人間関係のなかで商売を展開することを考

■ 266 ■

え、手間と内容に見合った高価格帯（競合の 1.2 倍程度）で販売することにしています。

11. 【流通および販売方法】

「ノウハウ 41、49、50、51」で解説したように、実際の販売方法である「物流・販売チャネル」と「販売・販促方法」について記述します。「マーケティングの 4P」のうち「Place」と「Promotion」です。

具体的に、商品をどのように最終顧客に届けて代金をどう回収するのか、どの店で販売するのか（会社向けの場合、誰が営業するのか）、いくつの業者が間に入るのか、保管場所や保管方法はどうなのか、などについて、具体的に記述します。しかも、それらの流れが妥当なコスト・費用でカバーできなければなりませんし、最終顧客の利便性を考慮した「買いやすい」売り方になっている必要があります。

ここでは、実家の酒屋の配送人員および車を流用し、配送範囲も近所に限定することで、低コストかつ短時間で届けられるような仕組みをつくっています。また、食品ということでコールドチェーン（冷蔵・冷凍設備を持った配送）を組んでいることも説明しています。

12. 【仕入・調達・生産】

製品であれば、製品の生産方法（誰が、どんな材料と設備を使って生産・製造するのか）を記述します。サービスであれば、サービスの提供方法（どこで、どんな技術をもった店員がどのような器具設備を使ってサービスを提供するのか）を記述します。製品・サービスの生産・提供に必要となる経営資源（ヒト、モノ、情報）が揃っていることをアピールします。

この例では「材料の仕入先が確保できていること」「加工は自社と外注を使い安定して行えること」「必要な設備類は洗い出しており、導入予定であること」を解説しています。

【解説】数値計画のポイント

　事業計画書の後半、数値計画の組み立て方について、事例に沿って、ポイントを解説していきます。計画にあたっては、仮定・仮説を置いて計算する必要がありますので、その仮定・仮説が妥当かどうか読み手にわかるよう、計算根拠も示しておきます。

　なお、数値計画には Excel など表計算ソフトを使って計算するのが容易です。巻末ページにある読者特典のダウンロードサイトから、本事例に対応した計算用の Excel シートを提供していますので、参考にしてください。

13.【売上計画】

　売上計画は、「ノウハウ44　販売計画の立て方、売上のつくり方」で解説した内容を参考に、計画を立てます。このケースでは、「客数」×「平均客単価」の式で計算をします。この際、通常の購入金額は毎月発生しますが、入会金は初回1回のみの発生のため、別々に計算して積算する方法で、計算をしてみます。

　売上予測の基礎となる「顧客数」と「客単価」をどうとらえるかがポイントとなります。ここでは、以下のように想定（仮定）しました。

　なお、豊洲等への進出後は、新規顧客の増加数や客単価が変わると考え、豊洲進出を3年目と計画し、それを計画に反映させています。

	入会金	定期購入額
客単価 （1ヵ月）	2,000円の固定額（新規顧客のみ）	額が変動し、毎月変わるので平均で考える。 客単価（1ヵ月）は、1回当たり平均2,000円の注文を2.5日に1回と想定すると、営業日数25日/月から1ヵ月10回の受注回数となる。したがって、客単価は2,000円×10回＝2万円/月となる。 豊洲進出後（3年目から）は、利用額の低い顧客が増えると想定し、客単価を1,500円×10回＝1.5万円/月とする。

顧客数	新規会員数分（会員増加数）❶ 1ヵ月10人ずつ増加すると想定（仮定）	定期購入する顧客❷は、既存会員のなかの一部が毎日注文すると考えられる。（1日平均30人の需要見込み、ただし豊洲進出後は3倍の90人/日程度を見込む）。ある月の既存顧客の数❷は、新規会員増加数❶と関係があり、当月の❷は、前月❷に当月の❶を加えたものになる。ただし、既存会員は一定割合で離脱すると想定されるため、ここでは離脱率を10％（継続率90％）とする。つまり、当月の❷＝前月の❷×90％＋当月の❶である。

　なお、「1日平均30人の需要見込みで、配達担当者の回れる件数もその程度」という考え方としました。新規入会者数を毎月10人増加として月の離脱率を10％とすると、1年後の顧客数は65人、2年後の顧客数は83人となり、1日の注文は2.5人に1人が注文するので、65÷2.5＝26人（1年目）、83÷2.5＝33人（2年目）となり、1日の需要見込みとしても対応可能であることが確認できました。このように、販売計画を立てたら、自社の対応能力（生産能力・物流能力・販売能力）と比較して、妥当かどうかも確認することが重要です。

14.【利益計画】

　利益計画は、「利益＝売上－費用」という計算式から立てていきます。

　まずは、「ノウハウ45」を参考に、事業を行うにあたってかかる費用を、すべて洗い出してみましょう。

費用の分類	費用の例	Aさんの例
(1) 仕入（売上原価）・顧客に直接提供するものにかかる費用	・商品、製品の購入費用 ・原材料や部品の購入費用 など	・小売店や農家からの食品の仕入代金 ・食品・加工会社からの加工品の仕入代金 ・その他、御用聞きで購入する商品など 個々の商品によって、粗利益率は変わるため、ここでは平均の粗利益率を販売額の60％（原価率40％）として、概算している。（売上原価⑭＝仕入高❽＝定期購入の売上高❺×40％）

(2) 経費（販売費及び一般管理費） ・事業を運営するために、社内で使う費用	・家賃、地代 ・人件費 ・水道光熱費 ・運送費 ・販促費 など	・配送担当者のパート代⑯ ・自分の給料である役員報酬⑱ ・営業に使う旅費交通費⑳ ・チラシや HP 制作のための広告宣伝費㉑ ・仕入や配送にかかる荷造運賃㉒ ・実家に支払う賃借料㉓ ・水道光熱費㉔ ・電話やパソコンなど通信費㉕ ・その他雑費など㉗、㉘
(3) 設備投資 ・事業を始めるにあたって先行投資で発生する費用	・建物の改装費 ・機械・設備・備品類 ・車両類 など	・業務用冷凍庫や大型調理器具など厨房設備 ・実家の一部を改装して保健所の検査を通すための改装費

　このうち、利益計画に直接使うのが（1）の原価と（2）の経費です。

　（3）は、「ノウハウ45　利益計画の立て方について理解する」で解説したように、減価償却費の処理を行って、間接的に使用します（㉙減価償却費として計上）。

　計画を立てるときに、年ごとに変わる費用があれば、それを考慮に入れた計画にします。この例では、1年目は実家の酒屋の配送員をパートとして短時間だけ雇いますが、2年目、3年目で顧客数が増え、加工担当者と配送員を増やす必要があると見ており、2年目にパートを1人、3年目にパートを社員化してフルタイムで働いてもらって、さらに社員を1人増やす計画としています。

　事例に記載されていない部分は、以下のように仮定して計算しました。

・実家への家賃の支払い：月5万円

・通信費として月1万円、旅費交通費として月2万円を見込む

・荷造運賃は売上の5％を見込む

・税金は、租税公課として法人住民税が年7万円、所得税等は所得額に合わせた課税と想定する

おおむね、創業3年の間に黒字化（経常利益が黒字）する計画を立てると

よいでしょう。ここでは、初年度70万円程度の黒字を見込んだ計画です。

15.【資金調達】

　資金調達計画は、開業に必要となる費用を洗い出し、そのための資金をどのように調達してくるかを記載します。出資者や投資家に資金の工面をお願いする根拠になる部分であるため、洗い出す費用は、「無駄なく不足なく」事業に最低限必要かつ十分なものでなければなりません。

　必要な資金は、主に開業準備でかかる先行投資費用（設備資金）と、売上が増加し安定した収入が確保できるまで、当面の仕入や経費に使う費用（運転資金）があります。

　開業に必要になる資金は、前項で洗い出した費用から割り出します。(3)設備投資の費用は、そのまま設備資金となります。

　運転資金には（1）の仕入と（2）の経費の1ヵ月〜12ヵ月分程度を通常確保します。今回は、固定的に発生する経費（販売費及び一般管理費）が月58万円の見込みであり、売上が80万くらいになるまでの運転資金は確保したいところです。客単価が月2万円で毎月10人ずつ顧客が増えることを考慮すると、開業後3〜4ヵ月の運転資金は準備したいところです。ここでは3ヵ月分として、費用額の概算を算出しました。

　必要資金（左側）がまとまったら、その資金をどう調達するか（右側）を埋めていきます。ここでは、自己資金である会社設立の資本金（100万円）に加えて、開業前にかかる設備資金（300万円）は日本政策金融公庫の創業融資を使って外部調達し、さらに不足する運転資金（100万円）を、実家から長期で借りる計画です。

16.【資金計画】

　資金繰り表の作成は、単純ですが面倒な計算が必要なため、Excelなど表計算ソフトを使って計算しましょう。巻末ページにある読者特典のダウン

ロードサイトから、本事例の事業計画に対応した資金繰り表が入手できますので、参考にしてください。

　以下はその資金繰り表（3年分）の一部です。作成したら、最下行である「次月繰越＝口座残高」の額がゼロやマイナスになっていないことを確認しましょう。

項目	備考	2019年 1月	2月	3月	4月	5月	6月	7月
売上高 新規顧客❶		20,000	20,000	20,000	20,000	20,000	20,000	20,000
定期購入❺		400,000	560,000	704,000	834,000	950,000	1,056,000	1,150,000
その他		0	0	0	0	0	0	0
売上高小計（⑩＝❶＋❺）		420,000	580,000	724,000	854,000	970,000	1,076,000	1,170,000
経常収入 売上 現金売上(1)	当月の売上の25%＝⑩×25%	105,000	145,000	181,000	213,500	242,500	269,000	292,500
売掛金回収(2)	前月の売上の75%＝⑩×75%		315,000	435,000	543,000	640,500	727,500	807,000
経常収入計(3)		105,000	460,000	816,000	756,500	883,000	996,500	1,099,500
経常支出 固定費 給与⑮	1人240万/年＝20万/月							
雑役務費⑰	1人10万/月	88,000	88,000	88,000	88,000	88,000	88,000	88,000
役員報酬⑱	月20万円、のち40万	200,000	200,000	200,000	200,000	200,000	200,000	200,000
法定福利費⑲	給与の15%×15%	0	0	0	0	0	0	0
賃借料㉓	家賃、初年度は月5万円	50,000	50,000	50,000	50,000	50,000	50,000	50,000
水道光熱費㉔	売上の5%	53,175	53,175	53,175	53,175	53,175	53,175	53,175
通信費㉕	月1万円	10,000	10,000	10,000	10,000	10,000	10,000	10,000
外注費㉖		0	0	0	0	0	0	0
雑費㉗	その他の経費 月3.4万円	34,000	34,000	34,000	34,000	34,000	34,000	34,000
租税公課㉘	法人住民税、固定資産税など							
固定費計(4)＝⑮、⑰、㉓~㉘		435,175	435,175	435,175	435,175	435,175	435,175	435,175
変動費 仕入費用㉛	食材の原価率40% ⑩×0.4	160,000	224,000	281,600	333,800	380,000	422,400	460,000
旅費交通費⑳	2万円/月	20,000	20,000	20,000	20,000	20,000	20,000	20,000
広告宣伝費㉑	チラシ等 月3万円、2年目から売上⑩×5%	30,000	30,000	30,000	30,000	30,000	30,000	30,000
荷造運賃㉒	運送費など 売上の5% ＝⑩×5%	53,175	53,175	53,175	53,175	53,175	53,175	53,175
変動費計(5)＝⑪、⑳~㉒		263,175	327,175	384,775	436,775	483,175	525,575	563,175
経常支出計(6)＝(4)+(5)		698,350	762,350	819,950	871,950	918,350	960,750	998,350
経常収支差引(7)＝(3)-(6)		-593,350	-302,350	-203,950	-115,450	-35,350	35,750	101,150
経常外支出 支出 固定資産購入(7)		3,000,000						
法人税⑭								
経常外支出計(8)＝(7)+⑭		3,000,000	0	0	0	0	0	0
経常外収支(9)＝-(8)		-3,000,000	0	0	0	0	0	0
財務収入 元入・増資ほか(10)		2,000,000						
借入金(11)	設備資金	3,000,000						
借入金(11-2)	その他							
借入金(11-3)								
借入金(11-4)								
財務収入計(12)＝(10)+(11)		5,000,000						
借入金返済(12)	元本部分 据置6月、返済7年 300万	0	0	0	0	0	0	35,714
支払利息(13)	元本均等で概算、年利2.3% (31)/12×2.3%	5,750	5,750	5,750	5,750	5,750	5,750	5,682
借入金返済(12-2)								
財務支出計(16)＝(12)+(13)		5,750	5,750	5,750	5,750	5,750	5,750	41,396
財務収支差引(17)＝(12)-(16)		4,994,250	-5,750	-5,750	-5,750	-5,750	-5,750	-41,396
当月収支 (18)＝(7)+(9)+(17)		1,400,900	-308,100	-209,700	-121,200	-41,100	30,000	59,754
次月繰越 (19)＝前月の(19)+(18)		1,400,900	1,092,800	883,100	761,900	720,800	750,800	810,554

　なお、今回の事例では、資金繰り表の作成に必要となる条件について、以下のように仮定してます。（カッコの番号は、資金繰り表の項目番号）

（1）売上の回収のずれ

「利用客の25％が現金決済、75％はカード決済を利用する」と想定して、カード決済は月末締め翌月入金とします。売上の75％を占めるカード支払いは、売上から1ヵ月ずらした翌月入金の売掛金回収（2）として資金繰りを立てています。

（2）仕入や経費の支払いのずれ

当事業では製品支払いなど即時現金払いのものも多いため、簡略化して、仕入⑪や経費の支払いのずれはなしで計算しています。

（3）資金調達について

創業月（1ヵ月目）に、資本金と親族借入の合計200万円の財務収入（10）と、日本政策金融公庫からの創業融資（設備資金）の借入300万円（11）の財務収入を計画しています。

融資条件は年利2.3％、返済期間7年（84ヵ月）、据え置き期間6ヵ月とし、計算を単純にするために元金均等方式での返済条件としています。創業7ヵ月目から35,714円（300万円÷84ヵ月）を財務支出として返済（12）としています。

借入額から返済額を差し引いた、毎月の借入残高（11）を計算し、それに年利を掛けて支払利息（13）を財務支出として計算しています。支払利息は、元金均等で計算しているため、借入残高の減少とともに減額します。

17.【具体的実施計画】

最後の項目では、経営者としてこれから進める活動内容を具体的に記載します。創業に臨んでは、資金調達の段取り、設備工事の手配、顧客開拓、仕入先の確保、許認可の取得や役所手続き、パートや社員の採用など、行うべきことが山ほどあります。すべてを創業者が行うことは時間的にもノウハウ的にも不可能であるため、外注や委託先、外部専門家などを積極的に活用しましょう。

自分自身で行わず外部に依頼することであっても、事業を立ち上げるのに

必要な項目はすべて挙げておく必要があります。

　ここが具体的に記載できない場合は、まだ具体的に何をすればよいかがわかっていないということになりますので、まだ創業を行う段階ではないといえるでしょう。

　各活動項目について、５Ｗ１Ｈが明確になっていることがポイントです。「何を」「誰が」「いつまでに」「どのように」行うかを、時系列に整理して記載しましょう。

　ここでは、１年目から３年目まで、年ごとに整理しています。

参考文献

一般社団法人金融財政事情研究会『業種別審査事典』きんざい

馬渡　晃『起業をするならこの1冊（第5版）』自由国民社

東京弁護士会親和全期会『起業と経営の基本知識がわかる本（第2版）』自由国民社

須田邦裕・出澤秀二『起業から1年目までの会社設立の手続きと法律・税金』日本実業出版社

古田真由美・平真理『ダンゼン得する　知りたいことがパッとわかる　起業と会社経営の実務がよくわかる本』ソーテック社

■著者

松井　淳（まつい　じゅん）

まついマネジメントオフィス代表。千葉商科大学客員講師。中小企業診断士・行政書士・上級システムアドミニストレータ。(独法)中小企業基盤整備機構関東支部 中小企業支援アドバイザー、(公財)東京都中小企業振興公社 TOKYO 創業ステーション プランコンサルタント、モノコト総合研究所副会長（https://monokoto.jimdofree.com/）。
1991 年東京工業大学機械工学科卒業。日本ヒューレットパッカードほか IT 企業にて、マーケティング・営業として多数の新製品・新事業の立ち上げに携わる。(株)インフォマティクス　執行役員、オートデスク(株)ビジネス・プロセス・コンサルタントを経て、経営コンサルタントとして独立開業。製造業、IT、食品・農業分野に精通。十数年にわたるスタートアップ支援経験の中で、学生からシニアまで広く創業の相談に対応。イベント集客、WEB・SNS 活用、融資取付、会社登記、契約書作成といった、すぐに役立つ実務支援も得意。

鈴木　克実（すずき　かつみ）

アジアスタートアップオフィス MONO インキュベーションマネジャー。中小企業診断士。青山学院大学理工学部物理学科卒業。大手精密機器メーカーにて、ISO9001 認証取得などの品質管理、事業部の事業企画、画像編集ソフトのマーケティング、米国ベンチャー企業への出資および経営管理、社内ベンチャーでの提案など新事業の立ち上げ等に従事した。

磯部　友洋（いそべ　ともひろ）

中小企業診断士（一般社団法人東京都中小企業診断士協会所属）。
2003 年駒澤大学経済学部経済学科卒業。東京の某玄関口を中心としたお土産販売や、専門商社営業として大小さまざまな規模の企業との交渉を経験。販売の現場や人のつながりを重視した営業活動を得意とする。診断士としては、創業セミナーにてアイデア発想法を講義したり、人材活用に悩む企業の経営相談、補助金・助成金相談に対応し、相談者から「相談すると、不思議と新しい考えが湧いてくる診断士」と好評を得ている。今後も経営者のブースターとなる診断士を目指し、精進を続ける。

脇坂　悦志（わきさか　えつし）

中小企業診断士（一般社団法人東京都中小企業診断士協会所属）。

1992年東京工業大学金属工学科卒業。電力会社に入社後、火力発電部門におけるボイラ・タービン関係の技術系業務、新規事業企画部門における新会社設立関係の業務、お客様対応のエンジニアリング部門で、客先のエネルギー診断業務等に携わる。新規事業企画部門に配属中、インキュベーションオフィスでマーケティング等のセミナーを行う等、ベンチャー企業の支援を実施。その後ISO審査機関を経て、2014年に再び電力業界の職に就く。それまでの知見を活かして、新規発電所の建設計画、発電所の運営、安全管理などに携わってきた。運営管理・生産管理系を得意とする。

2020年 7 月 20 日　第 1 刷発行

起業に失敗しないための知識とノウハウ

©著　者　　松　井　　淳
　　　　　　モノコト総合研究所

発行者　脇　坂　康　弘

発行所　株式
　　　　会社　同友館

〒113-0033　東京都文京区本郷 3-38-1
TEL. 03 (3813) 3966
FAX. 03 (3818) 2774
https://www.doyukan.co.jp/

乱丁・落丁本はお取り替えいたします。
ISBN 978-4-496-05468-6

三美印刷／松村製本所
Printed in Japan

〔読者特典〕 創業準備に使える便利ツールを提供

　本書で使用した事業計画書作成や創業準備に使える便利データが、以下から入手できます。

①　事業計画書フォーマット

　第6章の事業計画書の事例で使用した、事業計画書のフォーマットです（MS Word 形式）。

②　数値計画計算シート

　第6章の事業計画書の後半、数値計画策定の項で使用した、売上計画・収支計画・資金繰り計画を作成できる計算シートです（MS Excel 形式）。

①、②は、以下からダウンロードできます。

https://www.matsui.website/books/download/

Web ページのパスワード：lets-sogyo

それぞれのファイルにも同じパスワードがかかっていますので、ファイルを開くときに上記パスワードを再度入力してください。

③　原価計算アプリケーション「コスト倶楽部　無償版」

　筆者が参画している「製造業革新研究会」で開発した、無償の原価計算ツールです。事業計画策定にあたって、複数の製品や複数の事業がある場合に、事業別・製品別の原価計算を行うことで、コスト志向型の価格設定や、損益分岐点計算による最低売上目標の計算などが可能です。

http://www.costclub.jp/